高职高专国际商务专业系列教材

U0623601

进出口报关实务

第2版

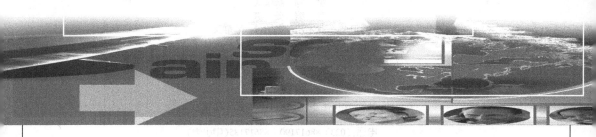

主 编／姜 洪　　副主编／张宏东　张贵英　容静文

重庆大学出版社

内 容 提 要

本书介绍了报关及海关的基本知识,围绕中国海关报关实务,详细阐述了对外贸易管制的内涵、相关管理制度与具体管制措施;在全面介绍进出口税费的基础上,结合大量实例,介绍了各种进出口税费的计算方法;通过对海关各种商品归类规则的解释,阐述了进出口商品归类的方法;在简单介绍报关单基本知识的基础上,讲述了各类进出口货物报关单的填制方法;最后利用大量的流程图,详细表述了各种海关监管条件下进出口货物的报关流程。

全书通俗易懂,具有知识性、可操作性及实用性,是一本获取报关知识的实用读物。本书可作为高职高专国际商务专业或其他经贸类专业的学生教材,也可作为报关从业人员的学习用书。

图书在版编目(CIP)数据

进出口报关实务/姜洪主编.—2 版.—重庆:
重庆大学出版社,2013.7(2019.7 重印)
高职高专国际商务专业系列教材
ISBN 978-7-5624-3957-8

Ⅰ.①进… Ⅱ.①姜… Ⅲ.①进出口贸易—海关手续—中国—
高等职业教育—教材 Ⅳ.①F752.5

中国版本图书馆 CIP 数据核字(2013)第 156518 号

高职高专国际商务专业系列教材
进出口报关实务
(第2版)
顾 问 薛荣久
主 编 姜 洪
副主编 张宏东 张贵英 容静文
责任编辑:顾丽萍 版式设计:顾丽萍
责任校对:谢 芳 责任印制:张 策
*
重庆大学出版社出版发行
出版人:饶帮华
社址:重庆市沙坪坝区大学城西路 21 号
邮编:401331
电话:(023) 88617190 88617185(中小学)
传真:(023) 88617186 88617166
网址:http://www.cqup.com.cn
邮箱:fxk@ cqup.com.cn(营销中心)
全国新华书店经销
POD:重庆新生代彩印技术有限公司
*
开本:720mm×960mm 1/16 印张:12.75 字数:227 千
2013年 7 月第 2 版 2019年 7 月第 5 次印刷
ISBN 978-7-5624-3957-8 定价:39.90 元

第2版前言

随着我国改革开放的不断深入,我国的对外贸易有了突飞猛进的发展,取得了举世瞩目的成绩,2012年进出口总值达 38 667.60 亿美元,在我国的国民经济中占有十分重要的地位。进出口报关是对外贸易进出口业务的重要环节,对于商品能否顺利进出关境起到决定性作用。对于从事进出口业务的人员来说,掌握必要的进出口报关知识是必须的也是必要的。本书正是因此而编写的。

本书编写过程中力求通俗易懂,理论与实际相结合,全书具有以下特点:

①全书章节安排清晰合理,便于读者使用。

②书中运用大量的图表,便于读者阅读。

③书中运用大量流程图,便于读者理解记忆。

④书中配有大量练习题,为读者创造机会演练相关内容。

⑤全书具有较强的可操作性和实用性。

本书共分6章,深圳职业技术学院姜洪负责设计全书的结构与大纲,以及全书的统稿、定稿等工作,并编写了其中的第6章;河南机电高等专科学校的张宏东执笔编写第1,2章;重庆职业技术学院的张贵英执笔编写第3,4章;广西国际商务职业技术学院的容静文执笔编写第5章。

本书可作为对外贸易、市场营销、电子商务、物流管理、港口与航运管理等专业教材,也可作为各类成人教育和企业培训教材,亦可作为外贸、报关、海关、商检、物流、运输等有关部门工作人员自学参考读物。

在本书的编写过程中参阅了海关总署、各地海关及相关院校的专业教材和业务参考书,并得到有关专家学者的指导,在此表示感谢。

由于编者水平有限,书中缺点错误在所难免,恳请读者多提宝贵意见。

编 者

2013 年 3 月

目 录 CONTENTS

第1章
海关与海关管理

【本章导读】

本章的教学内容主要是介绍海关的任务、海关的权力、海关的管理体制与组织机构、报关概念、报关种类、报关内容、报关范围、报关员与报关单位的概念及其管理等内容;教学目的是让学生熟悉海关及其管理体制,掌握报关、报关员和报关单位的基本知识,为将来从事报关工作打下基础。

1.1 海关概述

海关是国家的进出关境监督管理机关,从属于国家行政管理体制,代表国家行使行政管理权。

1.1.1 海关任务

《中华人民共和国海关法》(以下简称《海关法》)明确规定海关有4项基本任务,如图1.1所示。

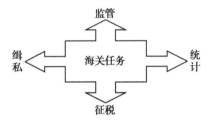

图1.1 海关基本任务

1)监管

监管是指海关依法对进出境运输工具、货物、物品及相关人员的进出境活动所实施的一种行政管理。监管是海关4项基本任务的基础,其他任务都是在监管的基础上进行的。根据监管对象的不同,海关监管分为运输工具监管、货物监管和物品监管。

2)征税

征税是海关的第二项任务。海关既征关税也征其他税费,具体包括:
①对贸易性货物征收进口关税、出口关税;
②对非贸易性的行邮物品征收进口关税;
③代国家税务总局征收的进口环节增值税、消费税。

3)缉私

走私是指进出境活动的当事人或相关人违反《海关法》及有关法律、行政法规规定,逃避海关监管,偷逃应纳税款,逃避国家有关进出境的禁止性或者限制性管理,非法运输、携带、邮寄国家禁止、限制进出口或者依法应当缴纳税款的货物、物品进出境,或者未经海关许可并且未缴应纳税款、交验有关许可证件,擅自将保税货物、特定减免税货物以及其他海关监管货物、物品、进境的境外运输工具在境内销售的行为。

查缉走私是海关为保证顺利完成监管和征税等任务而采取的保障措施,是指海关依照法律赋予的权力,在海关监管场所和海关附近的沿海沿边规定地区,为发现、制止、打击、综合治理走私活动而进行的一种调查和惩处活动。

4)编制海关统计

编制海关统计是以实际进出口货物作为对象,通过搜集、整理进出口货物报关单或经海关核准的其他申报单证,对进出口货物的品种、数量、价格、国别(地区)、经营单位、境内目的地、境内货源地、贸易方式、运输方式等项目进行统计和综合分析的业务活动。编制海关统计是对外贸易管制的重要辅助手段,是在海关监管、征税工作的基础上完成的,其所需的单证、数据、资料等是在海关监管的基础上获取的,它为国家宏观经济调控提供了准确、及时的信息,又对监管、征税等工作起把关作用。

海关的4项基本任务是一个统一的有机整体:监管是海关4项基本任务的基础;征税是在海关监管的基础上进行的,与监管有着十分密切的关系;缉私是监管、征税两项基本任务的延伸,是对监管、征税中发现的逃避监管和偷漏税行为进行制止和打击;编制海关统计既是在监管、征税工作的基础上完成的,又对监管、征税等工作起把关的作用。除了这4项基本任务以外,近几年来国家又赋予海关一些新的职责,如知识产权海关保护、海关对反倾销及反补贴的调查等。

1.1.2　海关权力

海关权力是指国家为保证海关依法履行职责而赋予海关的监督管理权能。海关权力的具体内容包括:

1)行政许可权

行政许可权是海关应管理相对人的申请,通过颁发证书的形式,依法赋予管理相对人从事某种活动的法律资格的权力。它包括:报关企业注册登记许可、报关员从业资格许可、开展海关监管货物运输仓储、加工业务许可等权力。

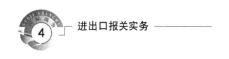

2）税费征收权

税费征收权是海关依法以强制方式对进出口货物、物品征收关税及其他税费,对特定地区、特定企业或有特定用途的进出口货物减征或免征关税,对放行后的进出口货物、物品发现少征或漏征税款的,依法补征、追征税款的权力。

3）监督检查权

监督检查权主要包括:①检查权。除法律另有规定的以外,在海关监管区内检查进出境运输工具,在海关监管区和海关附近沿海沿边规定地区,检查有走私嫌疑的运输工具和有藏匿走私货物、物品的场所,检查走私嫌疑人的身体,检查与进出口活动有关的生产经营情况和货物。②查验权,海关有权查验进出境货物、物品。③查阅、复制权。查阅进出境人员的证件,查阅、复制与进出境运输工具、货物、物品有关的合同、发票、账册、单据、记录、文件、业务函电、录音录像制品和其他有关资料。④查问权。对违反海关法或相关法律法规的嫌疑人进行查问,调查其违法行为。⑤查询权。海关在调查走私案件时,经直属海关关长或者其授权的隶属海关关长批准,可以查询案件涉嫌单位和涉嫌人员在金融机构、邮政企业的存款、汇款。⑥稽查权。自进出口货物放行之日起 3 年内或者在保税货物、减免税进出口货物的海关监管期限内及其后的 3 年内,海关可以对与进出口货物直接有关的企业、单位的会计账簿、会计凭证、报关单证以及其他有关资料和有关进出口货物实施稽查。

4）行政强制权

海关行政强制权具体包括:

（1）扣留权

海关在下列情况下可以行使扣留权:①对违反《海关法》或者其他有关法律、行政法规的进出境运输工具、货物和物品以及与之有关的合同、发票、账册、单据、记录、文件、业务函电、录音录像制品和其他资料,可以扣留。②在海关监管区和海关附近沿海沿边规定地区,对有走私嫌疑的运输工具、货物、物品和走私犯罪嫌疑人,经直属海关关长或者其授权的隶属海关关长批准,可以扣留。对走私犯罪嫌疑人,扣留时间不得超过 24 小时,在特殊情况下可以延长至 48 小时。③在海关监管区和海关附近沿海沿边规定地区以外,对其中有证据证明有走私嫌疑的运输工具、货物、物品,经直属海关关长或者其授权的隶属海关关长批准,可以扣留。海关对查获的走私罪嫌疑案件,应扣留走私犯罪嫌疑人,移送海关侦查走私犯罪公安机构。必须注意的是,海关在海关监管区和海关附近沿海、沿边规定地区(简称"两区")内、外,对有走私嫌疑的进出运输工具、货物、物品和走私犯罪嫌疑人行使扣留权的条件及授权有许多差异,如表 1.1 所示。

表1.1 海关在"两区"内、外行使扣留权的条件及授权

对象	区域	条件	授权
有走私嫌疑的进出运输工具、货物、物品	"两区"内	违反《海关法》或者其他有关法律	经直属海关关长或者其授权的隶属海关关长批准后行使
	"两区"外	在经直属海关关长或者其授权的隶属海关关长批准,在实施检查时其中有证据证明有走私嫌疑的	海关有关部门可直接行使
走私犯罪嫌疑人	"两区"内	有走私罪嫌疑,扣留时间不超过 24 小时,在特殊情况下可延长至 48 小时	经直属海关关长或者其授权的隶属海关关长批准后行使
	"两区"外	无授权,不能行使	

(2)滞报、滞纳金征收权

海关对超期申报货物征收滞报金,对于逾期缴纳进出口税费的,征收滞纳金。

(3)提取货样、施加封志权

海关查验货物认为必要时,可以径行提取货样;海关对有违反《海关法》或其他法律、行政法规嫌疑的进出境货物、物品、运输工具,对所有未办结海关手续、处于海关监管状态的进出境货物、物品、运输工具,有权施加封志,任何单位或个人不得损毁封志或擅自提取、转移、动用在封的货物、物品、运输工具。

(4)提取货物变卖、先行变卖权

海关对超过 3 个月未申报的或收货人/所有人声明放弃的进口货物可以依法提取并变卖,海关对扣留的不宜长期保存的货物、物品经直属海关或其授权的隶属海关关长批准,可以先行变卖。

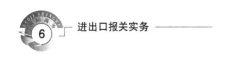

（5）强制缴纳税款权

进出口货物的纳税义务人、担保人超过规定期限未缴纳税款的,经直属海关关长或者其授权的隶属海关关长批准,海关可以:①书面通知其开户银行或者其他金融机构从其存款内扣缴税款。②将应税货物依法变卖,以变卖所得抵缴税款。③扣留并依法变卖其价值相当于应纳税款的货物或者其他财产,以变卖所得抵缴税款。

需要对上述规定解释的是:①"未"缴纳关税,并非"不"缴纳关税,即海关采取行政强制执行措施,并不以纳税人有不履行纳税义务的主观故意为前提条件,只要纳税人在规定的期限内没有缴纳税款,海关就应采取强制扣缴税款或变价抵缴税款的措施。②海关采取强制缴纳税款措施时,对于没有缴纳的滞纳金将同时强制执行。③海关一般会在采取强制扣缴或变价抵缴税款的措施前告知纳税人,给其最后履行纳税义务的机会,经告知后,在规定期限内仍未履行纳税义务的,海关即可采取强制扣缴或变价抵缴税款的措施。④为保护纳税人的利益,海关在依法变卖抵税货物或其他财产时应当公平、公正地进行,具备拍卖条件的,应当采取拍卖的方式出售,不具备拍卖条件的,可以采取其他合理的方式出售。

（6）税收保全

在海关责令进出口货物纳税义务人提供纳税担保,而纳税义务人不提供纳税担保时,经直属海关关长或者其授权的隶属海关关长批准,海关可以采取下列税收保全措施:

①书面通知纳税义务人开户银行或者其他金融机构暂停支付纳税义务人相当于应纳税款的存款。

②扣留纳税义务人价值相当于应纳税款的货物或者其他财产。

（7）抵缴、变价抵缴罚款权

根据《海关法》的规定,当事人逾期不履行海关处罚决定又不申请复议或者向人民法院提起诉讼的,海关可以将其保证金抵缴,或者将其被扣留的货物、物品、运输工具依法变价抵缴。

（8）连续追缉权

进出境运输工具或者个人违抗海关监管逃逸的,海关可以连续追至海关监管区和海关附近沿海沿边规定地区以外,将其带回处理。这里所称的逃逸,既包括进出境运输工具或者个人违抗海关监管,自海关监管区和海关附近沿海沿边规定地区向内(陆地)一侧逃逸,也包括向外(海域)一侧逃逸,海关追缉时需保持连续状态。

(9)其他特殊行政强制

其他特殊行政强制具体包括：

①处罚担保。根据《海关法》及有关行政法规的规定,海关依法扣留有走私嫌疑的货物、物品、运输工具,如果无法或不便扣留的,或者有违法嫌疑但依法不应予以没收货物、物品、运输工具,当事人申请先予放行或解除扣留的,海关可要求当事人或者运输工具负责人提供等值担保,未提供等值担保的,海关可以扣留当事人等值的其他财产;受海关处罚的当事人在离境前未缴纳罚款,或未缴清依法被没收的违法所得和依法被追缴的货物、物品、走私运输工具的等值价款的,应当提供相当于上述款项的担保。

②税收担保。根据《海关法》的规定,进出口货物的纳税义务人在规定的缴纳期限内有明显转移、藏匿其应税货物以及其他财产迹象的,海关可以责令纳税义务人提供担保;经海关批准的暂时进口或暂时出口货物、特准进口的保税货物,收发货人须缴纳相当于税款的保证金或者提供担保后,才可准予暂时免纳关税。

③其他海关事务担保。在确定货物的商品归类、估价和提供有效报关单证或者办结其他海关手续之前,收发货人要求放行货物的,须提供与其依法应履行的法律义务相适应的担保。

5)佩带和使用武器权

海关为履行职责,可以配备和使用武器。武器包括轻型枪支、电警棍、手铐以及其他经批准可使用的武器和警械。武器和警械的使用范围为执行缉私任务时,使用对象为走私分子和走私嫌疑人,使用条件必须是在不能制服被追缉逃跑的走私团体或遭遇武装掩护走私,不能制止以暴力劫夺查扣的走私货物、物品和其他物品,以及以暴力抗拒检查、抢夺武器和警械、威胁海关工作人员生命安全非开枪不能自卫时。

6)行政处罚权

海关有权对尚未构成走私罪的违法当事人处以行政处罚,包括对走私货物、物品及违法所得处以没收,对有走私行为和违反海关监管规定行为的当事人处以罚款,对有违法情形的报关单位和报关员处以警告、暂停或取消报关资格的处罚等。

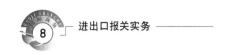

7)其他行政处理权

其他行政处理权具体包括:

①行政裁定权,包括应对外贸易经营者的申请,对进出口商品的归类、进出口货物原产地的确定、禁止进出口措施和许可证件的适用等海关事务的行政裁定的权力。

②行政命令权,如对违反海关有关法律规定的企业责令限期改正、责令退运等。

③行政奖励权,包括对举报或者协助海关查获违反《海关法》案件的有功单位和个人给予精神的或者物质的奖励权力。

④对与进出境货物有关的知识产权实施保护。根据《海关法》规定,海关依照法律、行政法规的规定,对与进出境货物有关的知识产权实施保护。

除了以上行政处理权以外,在进出境活动的监督管理领域,海关还具有行政立法权和行政复议权。行政立法权指海关总署根据法律的授权,制定发布海关行政规章的权力。行政复议权是指有权复议的海关(海关总署、各直属海关)对相对人不服海关行政行为进行复议的权力。

1.1.3 海关管理体制和机构设置

海关管理体制和机构设置是根据国家改革开放的形势、经济发展的需要和法律规定而设立的。

1)海关管理体制

我国海关现行管理体制具有高度的统一性。海关事务属中央事权,由国务院直属机构海关总署统一管理,海关的各项业务以及财务、装备配发、人员编制、机构设置、干部任免、教育培训等均由海关总署统一管理。海关系统采取垂直领导体制,从海关总署到各级海关实行垂直领导体制,各级海关独立行使职权,向海关总署负责,不受任何机关、团体、个人干扰,包括不受地方政府和有关部门干扰。这种高度统一的管理体制保证了各级海关都能执行统一的法律、行政法规和部门规章,在国家赋予的职权范围内自主、全权地行使海关的管理权。

2)海关机构设置

《海关法》规定,"国务院设立海关总署,统一管理全国海关","海关依法独立行使职权,向海关总署负责","海关的隶属关系,不受行政区划的限制",明确了海关集中统一的垂直领导体制。海关集中统一的垂直领导体制既适应了国家改革开放、社会主义现代化建设的需要,也适应了海关自身建设与发展的需要,有力地保证了海关各项监督管理职能的实施。

海关机构的设置按3个层级垂直设立,即海关总署、直属海关和隶属海关。隶属海关由直属海关领导,向直属海关负责;直属海关由海关总署领导,向海关总署负责。此外,海关总署在广州设立广东分署,在上海和天津设立特派员办事处,作为自己的派出机构。国家在对外开放口岸和海关监管业务集中的地点设立海关,在何地设立海关与行政区划无必然联系。

海关总署是海关系统的最高领导部门,任务是领导和组织全国海关正确贯彻实施《海关法》和国家的有关政策、行政法规,积极发挥依法行政、为国把关的职能,服务、促进和保护社会主义现代化建设。海关总署现设13个司局级机构:办公厅、政策法规司、关税征管司、通关管理司、监管司、综合统计司、调查局、走私犯罪侦查局、国际合作司、人事教育司、财务科技司、机关党委、督察特派员办公室。此外,在广州设广东分署,作为总署的派出机构,协助总署管理广东省内的海关。

直属海关是指直接由海关总署领导,负责管理一定区域范围内海关业务的海关。目前直属海关共有41个,除中国香港、澳门、台湾地区外,分布在全国30个省、自治区、直辖市。直属海关就本关区内的海关事务独立行使职责,向海关总署负责。直属海关承担着在关区内组织开展海关各项业务和关区集中审单作业,全面有效地贯彻执行海关各项政策、法律、法规、管理制度和作业规范的重要职责,在海关三级业务职能管理中发挥着承上启下的作用。

隶属海关是指由直属海关领导,负责办理具体海关业务的海关,是海关进出境监督管理职能的基本执行单位,一般都设在口岸和海关业务集中的地点。隶属海关根据业务情况设立若干业务科室,其人员从十几人到二三百人不等。

海关缉私警察是专司打击走私犯罪活动的警察队伍,由海关总署和公安部双重领导,以海关领导为主,在海关总署设置海关总署缉私局,在各直属海关设置直属海关缉私局,在各隶属海关设置缉私分局。各级走私犯罪侦查机关负责其所在海关业务管辖区域内的走私犯罪案件的侦查工作。为了更好地适应反走私斗争新形势的要求,充分发挥海关打击走私的整体效能,2003年对走私犯罪侦查机构办案职能进行了内部调整,增加了行政执法职能。

1.2 报关概述

1.2.1 报关的概念

根据《海关法》规定的"进出境运输工具、货物、物品,必须通过设立海关的地点进境或出境"以及将管理相对人办理进出境等海关事务称为"办理报关纳税手续"、"办理报关手续"、"从事报关业务"、"进行报关活动"等表述,将报关定义为:进出境运输工具负责人、进出口货物收发货人、进出境物品的所有人或者他们的代理人向海关办理运输工具、货物、物品进出境手续及相关手续的全过程。进出境运输工具负责人、进出口货物收发货人、进出境物品的所有人或者他们的代理报关行是报关的主体,也就是报关人,报关人也称报关单位。报关的对象是进出境工具、货物和物品。报关的内容是办理运输工具、货物和物品的进出境手续及相关海关手续。需要注意的是,通关与报关既有联系又有区别:两者都是针对运输工具、货物、物品的进出境而言的,但报关是从海关管理相对人的角度讲的,仅指海关管理相对人向海关办理进出境手续及相关手续,而通关不仅包括海关管理相对人向海关办理有关手续,还包括海关对进出境运输工具、货物、物品依法进行监督管理,核准其进出境的管理过程。

1.2.2 报关的种类

1) 根据对象的不同将报关分为进出境运输工具报关、货物报关和物品的报关

进出境运输工具作为货物、人员及其携带物品的进出境载体,其报关主要是向海关直接交验随附的、符合国际商业运输惯例、能反映运输工具进出境合法性及其所承运货物、物品情况的合法证件、清单和其他运输单证,其报关手续较为简单。进出境物品由于其非贸易性质,且一般限于自用、合理数量,其报关手续也很简单。进出境货物的报关较为复杂,为此,海关根据对进出境货物的监管要求,制订了一系列报关管理规范,并要求必须由具备一定的专业知识和技能且经海关核准的专业人员(即报关员)代表报关单位专门办理。

2）按照目的的不同将报关分为进境报关和出境报关

由于海关对运输工具、货物、物品的进出境有不同的管理要求，分别形成了一套进境报关和出境报关手续。另外，由于运输或其他方面的需要，有些海关监管货物需要办理从一个设关地点运至另一个设关地点的海关手续，在实践中产生了"转关"的需要，转关货物也需办理相关的报关手续。

3）根据报关活动实施者的不同将报关分为自理报关和代理报关

自理报关，指进出口货物收发货人自行办理报关手续。代理报关，指接受进出口货物收发货人的委托代其办理报关手续。代理报关又分为直接代理报关和间接代理报关：

①直接代理报关是指报关企业接受委托人（即进出口货物收发货人）的委托，以委托人的名义办理报关手续的行为。

②间接代理报关是指报关企业接受委托人的委托，以报关企业自身的名义向海关办理报关纳税手续的行为。报关企业在直接代理和间接代理中承担的法律责任不同，如表1.2所示。

表1.2　代理报关的属性与法律责任

代理方式	行为属性	报关企业责任
直接代理	委托代理	由委托人承担，报关企业承担相应的责任
间接代理	视同报关企业自己报关	由报关企业承担，委托人不承担责任

1.2.3　报关的内容

1）进出境运输工具报关的基本内容

进出境运输工具负责人或其代理人在运输工具进入或驶离我国关境时均应如实向海关申报，申报的基本内容包括：

①运输工具进出境的时间、航次。

②运输工具进出境时所载运货物情况，包括过境货物、转运货物、溢短卸（装）货物的基本情况。

③运输工具服务人员名单及其自用物品、货币、金银情况；运输工具所载旅客情况。

④运输工具所载邮递物品、行李物品的情况。

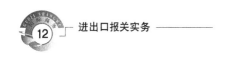

⑤其他需要向海关申报清楚的情况。

除此以外,运输工具报关时还须提交运输工具从事国际合法性运输必备的相关证明文件,如船舶国籍证书、吨税证书、海关监管簿、签证簿等,必要时还须出具保证书或缴纳保证金。

进出境运输工具负责人或其代理人就以上情况向海关申报后,有时还需海关的要求配合海关查验,经海关审核确认符合海关监管要求的,海关放行。至此,该运输工具报关完成,可以上下旅客、装卸货物或者驶往内地或离境。

2)进出境货物报关的基本内容

在进出境货物报关时,报关单位要向海关报告其进出境货物的商品编码、实际成交价格、原产地及相应优惠贸易协定代码等,并填制报关单、提交报关单证,办理缴纳税费、退税、补税和减免税等事宜,办理加工贸易备案、变更和核销及保税监管等事宜,办理进出口货物的查验、结关等事宜。

3)进出境物品报关的基本内容

海关对进出境物品监管的基本原则是自用合理,也是对进出境物品报关的基本要求。《海关法》规定,个人携带的进出境物品、邮寄进出境物品,应以自用合理为限。"自用"指的是进出境旅客本人自用、馈赠亲友而非为出售或出租。合理的含义分两种:对行李物品而言,是指海关根据进出境旅客旅行目的和居留时间所规定的正常数量;对于邮递物品,则指的是海关对进出境邮递物品规定的征、免税限制。现将进出境物品报关的规范分述如下:

(1)进出境行李物品的报关

我国海关规定,进出境旅客在向海关申报行李物品时,可以在两种分别以红色和绿色作为标记的通道中进行选择。带有绿色标志的通道适用于携运物品在数量和价值上均不超过免税限额,且无国家限制或禁止进出境物品的旅客;带有红色标志的通道则适用于携运有上述绿色通道适用物品以外的其他物品的旅客。对于选择红色通道的旅客,必须填写进出境旅客行李物品申报单或海关规定的其他申报单证,在进出境地向海关进行书面申报。

(2)进出境邮递物品的报关

我国是《万国邮政公约》的签字国,根据《万国邮政公约》的规定,进出口邮包必须由寄件人填写"报税单"(小包邮件填写绿色标签),列明所寄物品的名称、价值、数量,向邮包寄达国家的海关申报。进出境邮递物品的"报税单"和

"绿色标签"随同物品通过邮政企业呈递给海关。

1.2.4 报关的范围

1) 进出境运输工具

进出境运输工具是指用以载运人员、货物、物品进出境,在国际间运营的各种境内或境外船舶、车辆、航空器和驮畜等。

2) 进出境货物

进出境货物主要包括一般进口货物、一般出口货物、保税货物、暂时(准)进出口货物、特定或免税货物和其他进出境货物。另外,一些特殊货物,如通过电缆、管道输送进出境的水、电之类,以及无形的货物,如附着在货品载体上的软件也是报关的范围。

3) 进出境物品

进出境物品是指进出境的行李物品、邮递物品和其他物品。以进出境人员携带、托运等方式进出境的物品为行李物品;以邮递方式进出境的物品为邮递物品;其他物品主要包括享有外交特权和豁免的外国机构或者人员的公务用品或自用物品以及通过国际速递进出境的部分快件等。

1.3 海关对报关员的管理

1.3.1 报关员

1) 报关员的概念

报关员是指依法取得报关员从业资格,并在海关注册登记,向海关办理进出口货物报关业务的人员。报关员是向社会提供专业化智力服务的人员,是联系报关单位与海关之间的桥梁,其业务水平不仅影响着通关速度,也影响海关的工作效率。我国海关法规定,报关员不是自由职业者,依法取得报关员资格的人员必须受雇于某一个报关单位才能向海关办理报关员注册登记,因此,报关员只能受雇于一个依法向海关注册登记的进出口货物收发货人或者报关企业,并代表该企业向海关办理报关业务。我国海关法律规定禁止报关员非法接受他人委托从事报关业务。

2)报关员资格

随着我国对外贸易的飞速发展,报关员的需求量日益增长。因为报关人员必须熟悉有关进出口和海关的法律制度、对外贸易知识,所以,我国《海关法》第11条规定,"未依法取得报关从业资格的人员,不得从事报关业务",这从法律上明确了我国报关从业人员必须通过报关员资格全国统一考试。海关通过对符合报名条件的人员进行全面、系统的业务知识水平和能力的考试,来检验其是否符合报关职业的基本要求,并通过行政许可的方式对其中符合条件者颁发报关员资格证书。

3)如何成为一名报关员

要成为一名报关员须经过如下3个环节:
①参加报关员全国统一考试,考试合格依法取得"报关员资格证"。
②受聘于一家报关单位,由所属报关单位以单位的名义为其申请办理报关员注册登记。
③经海关审核,若符合报关注册条件,给予办理注册手续,颁发相应的"报关员证"。

1.3.2　海关对报关员的管理

加强对报关员的管理是海关管理的重要内容之一,海关通过注册登记、年审和考核等制度对报关员进行管理。

1)报关员注册登记

报关员注册登记是指通过报关员资格考试、依法取得报关员资格证书的人员,由所属报关单位向所在地海关申请注册登记并获取报关员证件的行为。为了方便区分进出口收发货人和报关企业的报关员及其报关业务范围,海关对进出口收发货人和报关企业的报关员分别颁发两种不同颜色的报关员证。为加强管理,我国在部分海关实行报关员条码卡管理,对持有报关员证的报关员核发报关员条码卡,报关员在报关时应交验报关员条码卡,如果报关员条码卡显示的身份与报关单的有关数据不符,海关将不接受报关。

报关员调动工作单位,应持调出和调入双方单位的证明文件向调入单位所在地海关重新办理注册登记手续,经海关核准后,换发新的报关员证和报关员条码卡。对本单位脱离报关员工作岗位和被企业解聘的报关员,企业应及时收回其报关员证和报关员条码卡,交海关办理注销手续,因未办理注销手续而发生的法律责任由企业自行负责。

2) 报关员的年审

报关员必须参加年审。对于年审合格者,海关将延长其报关有效期;年审不合格的报关员,向海关申请参加报关业务培训班,经考试合格后,海关准予继续从事报关业务。

3) 报关员的考核管理

为了规范报关员的报关行为,海关总署制定了《中华人民共和国海关对报关员记分考核管理办法》(简称《记分考核管理办法》)。《记分考核管理办法》规定,对记分达到规定分值的报关员,海关中止其报关员证效力,不再接受其办理报关手续;对出现报关单填制不规范、报关行为不规范,以及违反海关监管规定或者有走私行为未被海关暂停执业、撤销报关从业资格的报关员予以记分、考核。报关员因为向海关工作人员行贿或有违反海关监管规定、走私行为等其他违法行为,由海关处以暂停执业、取消报关从业资格处罚的,不适用于《记分考核管理办法》,而应按照《海关行政处罚实施条例》等规定处理。

海关对报关员的记分考核,依据其报关单填制不规范、报关行为不规范的程度和行为性质,一次记分的分值分别为 1 分、2 分、5 分、10 分、20 分、30 分。记分周期从每年 1 月 1 日起至 12 月 31 日止,报关员在海关注册登记之日起至当年 12 月 31 日不足 1 年的,按一个记分周期计算。一个记分周期期满后,记分分值累加未达到 30 分的,该周期内的记分分值予以消除,不转入下一个记分周期。但报关员在一个记分周期内办理变更注册登记报关单位或者注销手续的,已记分分值在该记分周期内不予以消除。一个记分周期内记分达到 30 分的,海关中止该报关员证效力,不再接受其办理报关手续,报关员应当参加注册登记地海关的报关业务岗位考核,经岗位考核合格之后,方可重新上岗。

海关对报关员的记分原因、条件如表 1.3 所示。

表 1.3　海关对报关员的记分原因、条件

分值	记分原因、条件
1	电子数据报关单项目填写不规范,海关退回,责令更正。
	①报关员原因造成申报差错,报关单位要求修改;②未对国家贸易管制政策的实施、税费征收及海关统计指标等造成危害;③海关同意修改。
	未在纸质报关单及随附单证上加盖报关单专用章及其他印章或使用印章不规范。
	未在纸质报关单及随附单证上签名盖章或由其他人代表签名盖章。
2	①报关员填制报关单不规范、报关单位申请撤销;②未对国家贸易管制政策的实施、税费征收及海关统计指标等造成危害;③海关同意撤销。
	报关员不顾海关要求,拒不解释、说明、补充材料或者拒不提供货物样品等有关内容,海关退回报关单。
5	报关员自接到海关"现场交单"或者"放行交单"通知之日起 10 日内,没有正当理由,未按规定向货物所在地海关递交纸质报关单及随附单证并办理相应的海关手续,海关撤销报关单。
	①报关员填制报关单不规范,报关单位申请修改或撤销报关单(因出口更换舱单除外);②不属走私、偷逃税等违法违规性质;③海关放行后同意修改或撤销报关单。
	①海关签印放行后发现因报关员填制报关单不规范;②报关单币值或者价格填报与实际不符,且两者差额在 100 万元人民币以下或者数量与实际不符,且有 4 位数以下差值;③经海关确认不属伪报,但影响海关统计的。
10	出借本人报关员证件、借用他人报关员证件或者涂改报关员证件内容的。
	①海关在签印放行后发现因报关员填制报关单不规范;②报关单币值或者价格填报与实际不符且两者差额在 100 万元人民币以上或者数量与实际不符,且有 4 位数以上差值;③经海关确认不属伪报的。
20	因违反海关监管规定行为被海关予以行政处罚,但未被暂停执业、取消报关从业资格。
30	因走私行为被海关予以行政处罚,但未被海关暂停执业、取消报关从业资格。

1.4 海关对报关单位的管理

1.4.1 报关单位

1)报关单位概念

报关单位是指依法经海关注册或经海关批准,向海关办理进出口货物报关纳税等海关事务的境内法人或其他组织。这里所称的报关人既包括法人和其他组织,比如进出口企业、报关企业,也包括自然人,比如物品的所有人。

2)报关单位类型

报关单位分为进出口货物收发货人和报关企业两种类型。

进出口货物收发货人一般情况下指的是依法向国务院对外贸易主管部门或者其委托的机构办理备案登记的对外贸易经营者。特殊情况下,对于一些未取得对外贸易经营者备案登记但按照国家有关规定需要从事非贸易性进出口活动的单位,如境外企业、新闻、经贸机构、文化团体等依法在中国境内设立的常驻代表机构;少量货样进出境的单位,如国家机关、学校、科研院所等组织机构;临时接受捐赠、礼品、国际援助的单位,如国际船舶代理企业等,在进出口货物时,海关也视其为进出口货物收发货人。

报关企业是指按照规定经海关准予注册登记,接受进出口货物收发货人的委托,以进出口货物收发货人的名义或者以自己的名义,向海关办理代理报关业务,从事报关服务的境内企业法人。主要指下列企业:

①报关公司或报关行,它是依照海关规定的程序设立,接受进出口报关单位的委托,办理进出口货物报关纳税等事宜的境内法人。

②国际货物运输、国际船舶代理企业,主要包括对外贸易运输公司和外轮代理公司等。此外,经营进出境快件、邮政快递业务的企业,在海关管理上,也视同代理报关企业。

1.4.2　海关对报关单位的管理

1）报关单位和报关员的报关行为规则

（1）进出口收发货人的报关行为规则

①出口货物收发货人只能办理本单位进出口货物的报关业务，不能代理其他单位报关。

②进出口货物收发货人经海关注册后，可在所在关区各口岸海关办理报关业务，如需在其他海关关区口岸进出口货物，应委托当地报关企业向海关报关；经海关核准，也可申请异地报关备案。

（2）专业报关企业的报关行为规则

①专业报关企业一般只能在注册地海关办理报关纳税等事宜。

②专业报关企业在报关时，须向海关出示委托人的正式委托书。

③专业报关企业应按海关要求协助海关与委托人联系，提供委托人与报关纳税等有关的文字记录资料。

④专业报关企业不得出借其名义，供他人委托办理进出口货物报关纳税等事宜，亦不得借用他人名义办理进出口货物报关纳税业务。

⑤专业报关企业应按海关规定设立专职报关员办理报关纳税等手续，并应对报关员的报关行为承担法律和经济责任。

⑥专业报关企业申报进出口的货物，应按海关规定的期限代委托人缴纳税款，逾期由海关按规定征收滞纳金，超过规定期限仍未缴纳税款，由海关按照《海关法》的有关规定处理。

⑦专业报关企业应依法建立账册和营业记录，并应真实、正确、完整地记录其受托办理报关纳税事宜的所有活动，完整保留委托单位提供的各种单证、票据、函电，接受海关稽查。

⑧专业报关企业的收费项目及标准应经物价部门批准并对外公布。

（3）代理报关企业的报关行为规则

①代理报关企业应在注册地海关办理报关纳税等事宜。特殊情况，经所在地上级海关协商异地海关同意，报海关总署核准，方可在异地办理报关业务。

②代理报关企业只能接受有权进出口货物单位的委托，办理本企业承揽、承运货物的报关纳税等事宜。

③代理报关企业在报关时,必须向海关出示下列文件:

A.本企业法定代表人签名的授权办理本次报关纳税等事宜的责任授权书。

B.承揽、承运进出口货物的协议书。

C.委托人的报关委托书。委托书应载明委托人和被委托人双方的名称、海关注册登记编码、地址、法定代表人姓名,以及代理事项、权限和期限、双方责任等内容,并加盖双方公章。

④代理报关企业不得以任何形式出让其名义供他人办理进出口货物报关纳税等事宜。

⑤代理报关企业应按海关规定聘用报关员,并对报关员的报关行为承担法律责任。

⑥代理报关企业应依法按海关对进出口企业账册及营业报表的要求建立账册和报关营业记录,并应真实、正确、完整地记录其受托办理报关纳税等事宜的所有活动,在海关规定的年限内完整保留委托单位提供的各种单证、票据、函电,接受海关稽查。

⑦代理报关企业应按海关要求协助海关与委托人联系,提供委托人与报关纳税等有关的文字记录资料。

进出口收发货人、报关企业和报关员行为规则表如表1.4所示。

表1.4 进出口收发货人、报关企业和报关员行为规则简表

名称	行 为 规 则
进出口收发货人	①进出口货物收发货人直接到所在地海关办理注册登记手续后,可以在关境内各口岸或者海关监管业务集中的地点办理本单位的报关业务,但不能代理其他单位报关。 ②进出口货物收发货人应当通过本单位所属的报关员办理报关业务,或者委托海关准予注册登记的报关企业,由报关企业所属的报关员代为办理报关业务。 ③进出口货物收发货人办理报关业务时,向海关递交的纸质进出口货物报关单必须加盖本单位在海关备案的报关专用章。

续表

名称	行 为 规 则
报关企业	①报关企业可以在取得注册登记许可的直属海关关区内各口岸或者海关监管业务集中的地点从事报关服务，但是应当在拟从事报关服务的口岸或海关监管业务集中的地点依法设立分支机构，并且在开展报关服务前向直属海关备案。 ②报关企业如需在注册登记许可区域外从事报关服务的，应依法设立分支机构，并向拟注册登记地海关递交报关企业分支机构注册登记许可申请，并对其分支机构的行为承担法律责任。 ③遵守法律、法规、海关的各项规定，履行代理人职责，配合海关监管工作，不得滥用报关权。 ④依法建立账簿和营业记录，真实、正确、完整地记录其办理报关业务的所有活动，完整保留委托单位提供的各种单证、票据、函电，接受海关稽查。 ⑤报关企业应当与委托方签订书面的委托协议，载明必要事项，由双方签章确认。 ⑥报关企业应当对委托人所提供情况的真实性、完整性进行合理审查，并承担相应的法律责任。 ⑦不得出借其名义，供他人办理报关业务。 ⑧对于代理报关的货物涉及走私违规情况的，应当接受或者协助海关进行调查。 ⑨报关企业递交的纸质报关单须加盖在海关备案的报关专用章。报关专用章仅限在其标明的口岸地或者海关监管业务集中地使用，每一口岸地或者海关监管业务集中地报关专用章只有1枚。 ⑩报关企业对所属报关员的报关行为应当承担相应的法律责任。
报关员	①不得同时兼任两个或两个以上报关单位的报关工作。 ②应在所属报关单位规定的报关地域范围内办理本企业授权承办的报关业务。 ③应持有效的报关员证件办理报关业务，其签字应在海关备案。报关员证件不得转借、涂改。报关企业的报关员办理报关业务，应交验委托单位的委托书。 ④调往其他单位从事报关工作，应持调出、调入双方单位的证明文件以及有效的报关员资格证书，向调入单位所在地海关申请办理重新注册手续。 ⑤遗失报关员证件，应自证件遗失之日起15日内向海关递交情况说明，并登报声明作废。海关于声明作废之日起3个月后予以补发，其间不得办理报关业务。

2) 报关单位和报关员的法律责任

报关单位和报关员在办理报关纳税等事务时，应遵守国家有关法律、行政法规和海关的各项规定，并对所申报货物、物品的品名、规格、价格、数量等的真实性、合法性负责，承担相应的法律责任。报关单位、报关活动相关人以及报关员在法律责任上的异同如表1.5所示。

表 1.5　报关单位和报关员的法律责任

名称	法　律　责　任
报关单位	①违法但未构成走私,海关按《海关行政处罚实施条例》的有关规定处理。 ②违法且构成走私但不构成犯罪的,没收走私货物、物品及违法所得,可并处罚款;没收用于掩护走私的货物、物品、运输工具;拆毁或没收藏匿走私货物、物品的特制设备。 ③违法且构成犯罪的,依法追究刑事责任。 ④对应申报项目未申报或申报不实的,按下列规定予以处罚,没收违法所得: 　A.影响海关统计准确性的,予以警告或处 1 000～10 000 元罚款; 　B.影响海关监管秩序的,予以警告或处 1 000～30 000 元罚款; 　C.影响国家许可证件管理的,处货物价值 5%～30% 罚款; 　D.影响国家税款征收的,处漏缴税款 30%～200% 以下罚款; 　E.影响国家外汇、出口退税管理的,处申报价格 10%～50% 罚款。 ⑤报关企业有下列情形之一,责令改正,给予警告,可暂停 6 个月内从事报关业务: 　A.拖欠税款或不履行纳税义务的; 　B.出让其名义供他人办理进出口货物报关纳税事宜的; 　C.有需要暂停其从事报关业务的其他违法行为的。 ⑥报关企业有下列情形之一的,海关可以撤销其注册登记: 　A.构成走私犯罪或者 1 年内有 2 次以上走私行为的; 　B.所属报关员 1 年内 3 人次以上被海关暂停执业的; 　C.被海关暂停报关业务,恢复业务后 1 年内再次发生上述 5 项规定情形的; 　D.有需要撤销其注册登记的其他违法行为的。 ⑦报关企业非法代理他人报关或超出从业范围,责令改正,处 5 万元以下罚款,6 个月内暂停从事报关业务;情节严重的,撤销其报关注册登记。 ⑧报关单位向海关工作人员行贿的,撤销报关注册登记,并处 10 万元以下罚款;构成犯罪的,依法追究刑事责任,并不得重新注册登记为报关企业。 ⑨未经注册登记从事报关的,予以取缔,没收违法所得,可并处 10 万元以下罚款。 ⑩提供虚假资料骗取海关注册登记的,撤销其注册登记,并处 30 万元以下罚款。 ⑪报关单位有下列情形之一,予以警告,责令改正,并可处人民币 1 000～5 000 元罚款: 　A.报关单位注册登记的内容发生变更,未按规定办理变更手续的; 　B.未向海关备案,擅自变更或启用"报关专用章"的; 　C.所属报关员离职,未按规定报告并办理相关手续的。

续表

名称	法　律　责　任
报关员	①违反《海关法》和相关法律、行政法规的,由海关或其他部门给予相应处理和行政处罚,构成犯罪的,依法移送司法机关追究刑事责任。 ②因疏忽或对委托人所提供情况的真实性未进行合理审查,致使应申报项目未申报或申报不实的,海关可暂停其 6 个月内报关执业;情节严重的,取消其从业资格。 ③被海关暂停报关执业,恢复后 1 年内再次被暂停的,海关可取消其报关资格。 ④非法代理他人报关或者超出范围进行报关活动的,责令改正,处 5 万元以下罚款,暂停 6 个月内报关执业;情节严重的,取消其报关从业资格。 ⑤向海关工作人员行贿的,取消其报关资格,并处 10 万元以下罚款;构成犯罪的,依法追究刑事责任,并不得重新取得报关资格。 ⑥未取得从业资格从事报关业务的,予以取缔,没收违法所得,并可处 10 万元以下罚款。 ⑦提供虚假资料骗取注册登记、报关从业资格的,撤销注册登记、取消从业资格,并处 30 万元以下罚款。 ⑧有违反《海关法》行为,受到吊销其报关员证件处罚的,5 年内不得重新申请注册。

3)报关单位注册

(1)报关单位注册概念

报关单位注册是指进出口货物收发货人、报关企业向海关提供规定的法律文书,申请报关资格,经海关审查核实,准予其办理报关业务的管理制度。

(2)报关单位注册制度改革

随着《海关法》的修订、《对外贸易法》和《行政许可法》的颁布实施,原有的报关单位注册管理制度在以下方面已不适应新的形势:①我国外贸和报关服务市场的经营主体多元化。②《行政许可法》颁布后,政府只能在法定的权限内依法履行职责,不能再以行政命令的方式干预市场经营。③由于报关企业多头审批,报关服务市场准入条件不一,企业年检手续繁杂等,也使海关管理遇到了很多困难。基于上述原因,海关总署修改原有规定,颁布了《中华人民共和国海关对报关单位注册管理规定》,并于 2005 年 6 月 1 日起施行。新的《报关单位注册管理规定》修改的主要内容如下:

①报关企业可采用多种经营形式。随着行业准入限制的逐步放开,企业往往采取多种经营,以规避市场风险,原有的行业界限已经打破。为满足现代物流“门到门”的服务,必然要求报关企业将运输代理、仓储、配送、报关、报检、报

验等环节衔接起来,对报关企业只允许专业经营的规定已不符合社会主义市场经济发展的规律。新颁布实施的《报关单位注册登记管理规定》对此做了修改,只要符合报关企业条件,都可以申请取得报关企业注册的许可,不再区分专业报关企业和代理报关企业,允许报关企业采取多种经营,并实行统一的准入"门槛"。

②报关企业注册实行许可制。根据《行政许可法》的规定,行政许可可以通过法律或行政法规以及国务院决定的形式设定。对报关企业的注册实行许可制度的法律依据体现在《海关法》第 9 条:"进出口货物,除另有规定的外,可以由进出口货物收发货人自行办理报关纳税手续,也可以由进出口货物收发货人委托海关准予注册登记的报关企业办理报关纳税手续"以及第 11 条:"进出口货物收发货人、报关企业办理报关手续,必须依法经海关注册登记"。新颁布实施的《报关单位注册登记管理规定》按照《海关法》的提法,不再对报关企业做传统上"专业"和"代理"的区分,只规定"报关企业"主体实行统一的许可制,统一的市场准入标准、市场竞争规则和违法惩戒机制,以保证市场竞争具有公开、公平、公正、平等的环境。

③报关企业设立条件。《报关单位注册登记管理规定》从报关企业的规模、管理人员素质、报关员数量、守法状况、管理制度等几个主要方面对设立条件予以明确:具备境内企业法人资格条件;企业注册资本不低于人民币 150 万元;健全的组织机构和财务管理制度;报关员人数不少于 5 名;投资者、报关业务负责人、报关员无走私记录;报关业务负责人具有 5 年以上从事对外贸易工作经验或者报关工作经验;无因走私违法行为被海关撤销注册登记许可的记录;有符合从事报关服务所必需的固定经营场所和设施;海关监管所需要的其他条件等。

④进出口货物收发货人注册。《报关单位注册登记管理规定》第 35 条和第 36 条专门就进出口货物收发货人的注册手续做出了新规定,与报关企业不同,进出口货物收发货人报关注册登记属于备案性质,因而办理报关注册的手续和条件比报关企业要简单。

(3)注册登记程序

①报关企业。报关企业申请人经直属海关注册登记许可后,应当到工商行政管理部门办理许可经营项目登记,并且自工商行政管理部门登记之日起 90 日内到企业所在地海关办理注册登记手续。逾期,海关不予注册登记。

②进出口货物收发货人。进出口货物收发货人应当按照规定到所在地海关办理报关单位注册登记手续。注册地海关依法对申请注册登记材料是否齐

全、是否符合法定形式进行核对,申请材料齐全、符合法定形式的申请人由注册地海关核发"中华人民共和国海关进出口货物收发货人报关注册登记证书"(简称收发货人登记证书)。进出口收发货人凭以办理报关业务。

(4)报关单位注册登记时效

报关企业登记证书有效期限为 2 年,收发货人登记证书有效期限为 3 年。

4)报关单位年审

报关单位年审是报关单位每年在规定的期限内,向海关递交规定的文件资料,由海关对其报关资格进行年度审核,以确定企业是否具备继续开展报关业务的条件的海关管理规定。年审不合格的报关单位,海关将分不同情况,限期报关单位要达到海关规定的要求,方能继续开展报关业务,在规定期限内达不到海关规定的要求的,将丧失开展报关业务的资格。

海关对报关单位年审的时间为每年 1 月 1 日至 4 月 30 日。超过年审期限,由于企业自身原因不来参加年审的,海关将视为企业自动放弃报关资格,如果需要再行开展报关业务,须重新办理海关注册手续。

自 测 题

一、单项选择题

1.海关对查获的走私案件,扣留当事人移送(　　　)侦办。

    A.海关总署　　　　　　　　　　B.检察院

    C.公安机关　　　　　　　　　　D.缉私警察

2.(　　　)是海关 4 项基本任务的基础所在。

    A.监管　　　　　　　　　　　　B.征税

    C.缉私　　　　　　　　　　　　D.海关统计

3.(　　　)是执行对外贸易管制的重要辅助手段。

    A.监管　　　　　　　　　　　　B.征税

    C.缉私　　　　　　　　　　　　D.海关统计

4.海关的设关原则为(　　　)。

    A.行政区划原则

    B.地域原则

    C.方便合理原则

D. 国家在对外开放的口岸和海关监管业务集中的地点设立海关

5. 下列关于海关缉私警察的说法中,不正确的是(　　)。

　　A. 海关缉私警察是专门打击走私犯罪活动的警察队伍

　　B. 走私犯罪侦查局设在公安部

　　C. 走私犯罪侦查局受海关总署和公安部双重领导

　　D. 走私犯罪侦查局以海关领导为主

6. 经主管海关批准,可以办理异地报关备案的企业是(　　)。

　　A. 专业报关企业　　　　　　　　B. 代理报关企业

　　C. 自理报关企业　　　　　　　　D. 有进出口经营权的企业

7. 对于邮递物品而言,自用合理数量是指(　　)。

　　A. 对进出境邮递物品规定的征免税限制

　　B. 进出境旅客本人自用、馈赠而非出售

　　C. 进出境旅客旅行目的和居留时间所规定的正常数量

　　D. 以上都是

8. 经营国际货物运输代理、国际运输工具代理业务的同时兼营报关业务的企业,称为(　　)。

　　A. 专业报关企业　　　　　　　　B. 自理报关企业

　　C. 代理报关企业　　　　　　　　D. 有进口经营权的企业

9. 走私行为是违反(　　)的行为。

　　A.《刑法》

　　B.《海关法》及相关法规

　　C.《海关行政处罚实施细则》及相关法规

　　D.《关税条例》及相关法规

10. 海关是国家的(　　)。

　　A. 司法机关　　　　　　　　　　B. 监督机关

　　C. 行政机关　　　　　　　　　　D. 权力机关

二、多项选择题

1. 海关的机构设置为(　　)。

　　A. 海关总署　　　　　　　　　　B. 地方海关

　　C. 直属海关　　　　　　　　　　D. 隶属海关

2. 海关征税工作的基本法律依据是(　　)。

　　A.《关税条例》　　　　　　　　　B.《进出口税则》

　　C. 进出口报关单　　　　　　　　D. 地方行政法规

3. 可以向海关办理报关注册登记的单位有(　　　)。

   A. 进出口货物收发货   B. 专业报关企业

   C. 代理报关企业   D. 外商投资企业

4. 我国的关境与国境的关系是(　　　)。

   A. 关境大于国境   B. 关境等于国境

   C. 关境小于国境   D. 国境包括关境与单独关税地区

5. 海关监管的对象可分为哪些?(　　　)

   A. 进出境货物   B. 进出境旅客本身

   C. 进出境行李、邮递物品   D. 进出境运输工具

6. 报关员的注册条件为(　　　)。

   A. 报关员必须取得报关从业资格

   B. 报关员必须受聘于报关单位

   C. 报关员必须按时参加年审

   D. 报关员必须具有中华人民共和国国籍

7. 下列哪些不属于海关法规定的海关的行政强制权?(　　　)

   A. 封存权   B. 许可审批权

   C. 税费征收及减免权   D. 连续追缉权

8. 海关把报关企业分为(　　　)。

   A. 专业报关企业   B. 联合报关企业

   C. 自理报关企业   D. 代理报关企业

9. 报关范围包括(　　　)。

   A. 报关人员   B. 进出境运输工具

   C. 进出境货物   D. 进出境物品

三、判断题

1. 我国海关现行的领导体制是垂直领导体制。   (　　　)

2. 隶属海关由直属海关领导,向海关总署负责。   (　　　)

3.《海关法》明确规定:海关依法独立行使职权,向海关总署负责。(　　　)

4. 监管、查验、征税、查私是海关的4项基本任务。   (　　　)

5. 缉私是海关的4项基本任务之一,是监管、征税两项基本任务的延伸。

                                    (　　　)

6. 直属海关是海关进出境监督管理职能的基本执行单位。 (　　　)

7. 海关任务制度分为监管制度、关税制度、保税制度、稽查制度、统计5项主要业务制度。   (　　　)

8. 代理报关企业必须是获得外经贸主管部门批准的国际货物运输代理证书或交通部批准的国际船舶代理证书的企业。　　　　　　　　（　　）

9. 报关员行为的法律责任应由报关员本人承担。　　　　　　　　（　　）

10. 根据海关规定,报关员代理报关主体办理进出口货物报关纳税等海关事务。　　　　　　　　　　　　　　　　　　　　　　　　　　（　　）

11. 走私行为已构成了犯罪。　　　　　　　　　　　　　　　　（　　）

12. 从事加工贸易生产加工的企业没有报关权,因此不需向海关办理登记手续,不需接受海关监管。　　　　　　　　　　　　　　　　　　（　　）

13. 报关人指的是向海关报关并承担由此而引起的经济、法律责任的法人或自然人。　　　　　　　　　　　　　　　　　　　　　　　　（　　）

四、思考题

1. 海关的任务是什么?

2. 海关有哪些权力?

3. 海关的领导体制和组织机构各是什么?

4. 如何理解报关的概念?

5. 如何理解报关单位、报关企业、进出口货物收发货人这 3 个概念?

6. 如何理解报关员的概念?

7. 报关企业、进出口货物收发货人两者的区别是什么?

8. 如何获得报关员从业资格?

9. 海关对报关员是如何管理的?

五、实训

实训目的与要求:了解报关员考试性质、报考条件、考试科目及内容、考试日期、报名方式及时间。

实训内容:你如何成为一名报关员?

训练的形式:课上讨论。

训练材料:

海关总署关于 2005 年度报关员资格全国统一考试公告

海关总署决定于 2005 年 11 月举行 2005 年度报关员资格全国统一考试,现将有关事项公告如下:

(1)考试性质

报关员资格全国统一考试主要测试应试者从事报关工作必备的业务知识水平和能力。报关员资格全国统一考试实行公开、平等、竞争、诚信的原则,采取全国统一报名日期、统一命题、统一时间闭卷考试、统一评分标准、统一阅卷

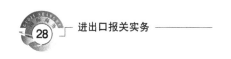

和统一合格标准方式进行。

（2）报考条件

①具有中华人民共和国国籍。

②遵纪守法，品行端正。

③年满 18 周岁，具有完全民事行为能力。

④具有高中或中等专业学校毕业及以上学历。

下列人员不得报名参加考试：

①因触犯刑法受到刑事处罚，刑罚执行完毕不满 5 年的。

②因在报关活动中发生走私或严重违反海关规定行为，被海关吊销报关员证不满 5 年的。

③考生因舞弊行为被宣布考试成绩无效或因欺骗行为被撤销报关员资格许可，自行为确定之日起，不满 3 年的。

④因向海关工作人员行贿构成犯罪的。

（3）考试科目及内容

考试科目为报关专业知识、报关专业技能、报关相关知识、与报关工作相关的法律法规。

考试内容为《2005 年报关员资格全国统一考试大纲》规定的内容。《2005 年报关员资格全国统一考试大纲》可在报名确认时在各地海关公布的报名确认地点选购。

（4）考试方式

考试以闭卷笔试答题方式进行，试题为客观选择性试题，考生应试时用 2B 铅笔将选定的答案填涂在答题卡上。考生必须按要求正确填涂答题卡，未按规定填涂产生的后果自负。考试时，允许考生携带中国海关出版社 2006 年版《进出口商品名称与编码》一书。此书为考试工具书，考生不得在书中做任何文字记录和其他标记，否则视为作弊，取消其考试资格。

（5）考试日期

考试日期为 2007 年 11 月 6 日，具体时间以准考证为准。

（6）报名方式及时间

①2007 年报关员资格全国统一考试实行网上报名，报名时间为 6 月 1 日至 6 月 20 日。网址：www.customs.gov.cn

考生网上报名后应于 7 月 1 日至 7 月 15 日期间进行报名确认，具体确认时间与地点以各地考区公告为准。不办理报名确认者不能参加考试。

②报名确认时，考生应持本人身份证件（原件）和《准考证》主证（可从网上

下载),《准考证》主证上须贴近期免冠小2寸蓝底彩色证件照1张。证件不全或照片不符合规定者,不予办理报名确认手续。

③考生报名确认时,应交纳报名费90元。因故未参加考试或考试不合格者所交费用不予退还。

④其他事项,请考生随时关注网上公布的信息。

(7)资格证书的申领与颁发

报关员资格证书颁发属海关行政许可行为,成绩合格考生可在考试后依法向海关申请资格许可并接受审核,考生应保证以诚信原则参加考试并按要求提供真实有效的个人信息资料。有关报关员资格行政许可的办理规定由海关总署另行制订并对外公告。

(8)其他

各地海关报考点和考试咨询电话由各直属海关向社会公布或通过网上查询。

六、案例分析

案例内容:李某供职于某报关行,2005年参加了报关员资格全国统一考试,未获通过,故又报名参加2006年的报关员资格全国统一考试并通过了报名确认。李某于2006年8月即开始借用该单位其他报关员的名义向海关报关。请分析:根据海关现行规定,海关应如何处理李某这一行为?

第2章
对外贸易管制

【本章导读】

本章主要介绍禁止、限制、自由进出口货物和技术的管理制度,介绍进出口检验检疫管理措施、进出口货物付收汇管理措施和贸易救济措施;目的是让学生掌握我国对外贸易管制制度和措施,为从事报关工作打下基础。

2.1 对外贸易管制概述

1) 对外贸易管制的概念

对外贸易管制,简称贸易管制,是指一国政府为了国家的宏观经济利益、满足内外政策的需要以及为履行国际条约的义务,对本国的对外贸易活动实现有效管理而确立的各项制度并设立相应机构及其活动的总称。

2) 对外贸易管制的目的

对外贸易管制的目的有以下两点:
①为了发展本国经济、保护本国经济利益;
②为了达到本国政治军事目的和实现国家职能。

3) 对外贸易管制的实现途径

政府是以法律法规为保障,依靠有效的政府行政管理手段来实现对外贸易管制的目标,其中,海关监管是实现贸易管制的重要手段。

4) 对外贸易管制的法律依据

为保障各项贸易管制制度的实施,我国已基本建立并逐步健全了以《对外贸易法》为核心的对外贸易管制的法律依据。

(1) 法律

我国现行的与贸易管制有关的法律主要有:《中华人民共和国对外贸易法》、《中华人民共和国海关法》、《中华人民共和国进出口商品检验法》、《中华人民共和国进出境动植物检疫法》、《中华人民共和国固体废物污染环境防治法》、《中华人民共和国国境卫生检疫法》、《中华人民共和国野生动物保护法》、《中华人民共和国药品管理法》、《中华人民共和国文物保护法》、《中华人民共和国食品卫生法》。

(2) 行政法规

我国现行的与贸易管制有关的行政法规主要有:《中华人民共和国货物进出口管理条例》、《中华人民共和国技术进出口管理条例》、《中华人民共和国进

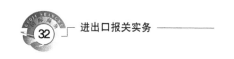

出口关税条例》、《中华人民共和国知识产权海关保护条例》、《中华人民共和国核出口管制条例》、《中华人民共和国野生植物保护条例》、《中华人民共和国外汇管理条例》。

(3)部门规章

我国现行的与贸易管制有关的部门规章很多,例如:《货物进口许可证管理办法》、《货物出口许可证管理办法》、《货物自动进口许可管理办法》、《出口收汇核销管理办法》、《进口药品管理办法》、《中华人民共和国精神药品管理办法》、《中华人民共和国放射性药品管理办法》、《纺织品出口自动许可暂行办法》。

(4)国际条约

国际条约不属于国内法的范畴,但就其效力而言可将其视为我国的法律渊源之一。目前我国所加入或缔结的涉及贸易管制的国际条约主要有:我国加入世界贸易组织所签订的有关双边或多边的各类贸易协定,关于简化和协调海关制度的国际公约《京都公约》、《濒危野生动植物种国际公约》,关于消耗臭氧层物质的国际公约《蒙特利尔议定书》、《精神药物国际公约》,关于化学品国际贸易资料交流的国际公约《伦敦准则》,关于在国际贸易中对某些危险化学品和农药采用事先知情同意程序的国际公约《鹿特丹公约》,关于控制危险废物越境转移及其处置的国际公约《巴塞尔公约》、《国际纺织品贸易协定》和《建立世界知识产权组织公约》等。

2.2 对外贸易管制的内容

我国对外贸易管制的内容可以概括为"证"、"备"、"检"、"核"和"救"5个字,其中:

"证"是指货物、技术进出口的许可证,此外还包括国家有关部门对出口文物、进出口黄金及其制品、进口音像制品、进出口濒危野生动植物、进出口药品药材和进口废物等特殊商品的批准文件或许可文件;

"备"是指对外贸易经营资格的备案登记,对外贸易经营者未按照规定办理备案登记的,海关不予办理进出口货物的验放手续;

"检"是指商品质量的检验检疫、动植物检疫和国境卫生检疫,简称为"三检";

"核"是指进出口收、付汇核销；

"救"是指贸易管制中的救济措施,我国采取的贸易补救措施主要包括反倾销、反补贴和保障措施。

2.2.1 货物、技术进出口许可制度

货物、技术进出口许可制度作为一项非关税措施,既是世界各国常用的进出口管理制度,也是我国重要的对外贸易管制制度,包括：

1)禁止进出口管理制度

(1)禁止进口

我国政府明令禁止进口的货物包括：列入国务院对外贸易主管部门制定的《禁止进口货物目录》的商品、国家有关法律明令禁止进口的商品及其他因各种原因停止进口的商品。我国公布的《禁止进口货物目录》共5批,包括：

①《禁止进口货物目录》(第一批)是从我国国情出发,为履行我国所缔结或者参加的与保护世界自然生态环境相关的一系列国际条约和协定而发布的,其目的是为了保护我国自然生态环境和生态资源,如国家禁止进口属破坏臭氧层物质的四氯化碳、禁止进口属世界濒危物种管理范畴的犀牛角和虎骨；

②《禁止进口货物目录》(第二批)均为旧机电产品类,是涉及生产和人身安全的压力容器、电器、医疗设备和环境保护的旧机电产品；

③《禁止进口货物目录》(第三、第四、第五批)所涉及的是对环境有污染的固体废物,包括城市垃圾、医疗废物、含铅汽油淤渣等13个类别的废物。

我国政府明令禁止进口的技术包括《中国禁止进口限制进口技术目录》(第一批)所列明的禁止进口的技术,涉及钢铁冶金技术、有色金属冶金技术、化工技术、石油炼制技术、石油化工技术、消防技术、电工技术、轻工技术、印刷技术、医药技术、建筑材料生产技术等11个技术领域的26项技术。

(2)禁止出口

我国政府明令禁止出口的货物主要有：

①列入《禁止出口货物目录》(第一批)商品,这是我国从国情出发为履行我国所缔结或者参加的与保护世界自然生态环境相关的一系列国际条约和协定而发布的,如国家禁止出口属破坏臭氧层物质的四氯化碳、禁止出口属世界濒危物种管理范畴的犀牛角和虎骨、禁止出口有防风固沙作用的发菜和麻黄草等植物；

②列入国家制定《禁止出口货物目录》(第二批)的商品,这主要是为了保护我国匮乏的森林资源,如禁止出口木炭;

③国家有关法律、法规明令禁止出口的商品,例如《中华人民共和国野生植物保护条例》规定禁止出口未定名的或者新发现并有重要价值的野生植物;

④其他,如禁止出口劳改产品等。

我国政府明令禁止出口的技术主要是列入《中国禁止出口限制出口技术目录》中禁止出口部分的技术,涉及核技术、测绘技术、地质技术、药品生产技术、农业技术等25个技术领域的31项技术。

2) 限制进出口管理制度

(1) 限制进口

我国对限制进口货物按照限制方式划分为许可证件管理和关税配额管理:

①许可证件管理是指国家以各主管部门签发许可证件的方式来限制某类货物的进口。许可证件管理主要包括进口许可证、濒危物种进口、可利用废物进口、进口药品、进口音像制品、黄金及其制品等的进口管理。

②关税配额管理是指国家在一定时期内(一般是1年)对部分商品的进口制订配额优惠税率并规定该商品进口数量总额,在限额内,经国家批准后允许按照配额优惠税率征税进口,如超出限额则按照额外税率征税进口的措施。

我国对限制进口技术实行目录管理,凡进口列入目录的技术,需经国家许可,即获得许可证,未经国家许可,不得进口。目前,列入《中国禁止进口限制进口技术目录》(第一批)中属限制进口的技术包括生物技术、化工技术、石油炼制技术、石油化工技术、生物化工技术和造币技术等6个技术领域的16项技术。进口属于限制进口的技术,应当向对外贸易主管部门提出技术进口申请;对外贸易主管部门收到申请后,会同有关部门进行审查,批准后发给"中华人民共和国技术进口许可意向书";进口经营者取得技术进口许可意向书后,方可对外签订技术进口合同;进口经营者签订技术进口合同后,应向国务院对外贸易主管部门申请技术进口许可证;符合发证条件的,由国务院对外贸易主管部门颁发"中华人民共和国技术进口许可证",凭此向海关办理进口通关手续。

(2) 限制出口

我国限制出口货物按照其限制方式划分为出口配额限制、出口非配额限制和纺织品出口配额限制。

①出口配额限制。出口配额限制是指在一定时期内,为建立公平竞争机

制、增强我国商品在国际市场的竞争、保障最大限度的收汇、保护我国产品的国际市场利益,国家对部分商品的出口数量直接加以限制的措施。在我国出口配额限制有两种管理形式,即出口配额分配管理、出口配额招标管理。出口配额分配管理是国家对部分商品的出口,在一定时期内(一般是 1 年)规定数量总额,采取按需分配的原则,经国家批准获得配额的允许出口,否则不准出口的配额管理措施。出口配额分配管理是国家通过行政管理手段,对一些重要商品以规定绝对数量的方式来实现限制出口的目的。配额招标管理是国家对部分商品的出口,在一定时期内(一般是 1 年)规定数量总额,采取招标分配的原则,经招标获得配额的允许山口,否则不准出口的管理配额措施。出口配额招标管理是国家通过行政管理手段,对一些重要商品以规定绝对数量的方式来实现限制出口的目的。

②出口非配额限制。出口非配额限制是指在一定时期内根据国内政治、军事、技术、卫生、环保、资源保护等领域的需要,以及为履行我国所加入或缔结的有关国际条约规定,以经国家行政许可并签发许可证件的方式来实现的各类限制出口措施。其管理形式为非配额限制管理。目前,我国出口非配额管理主要包括出口许可证、濒危物种、核出口以及军品出口等许可证管理。

限制出口技术实行目录管理,国务院外经贸主管部门会同国务院有关部门,制定、调整并公布限制出口的技术目录。属于目录范围的限制出口的技术,实行许可证管理,未经国家许可,不得出口。

3)自由进出口

自由进出口范围是除上述国家禁止、限制进出口货物、技术外的其他货物。自由进出口货物、技术不受限制,但基于监测进出口情况的需要,国家对部分属于自由进出口的货物实行自动进出口许可管理,对所有自由进出口的技术实行进出口技术合同登记管理。自动进出口许可管理是在任何情况下对进出口申请一律予以批准的进出口许可制度。这种进出口许可实际上是一种在进出口前的自动登记性质的许可制度,通常用于国家对这类货物的统计和监督目的。技术进出口合同登记管理是指属于自由进出口的技术,应当向国务院外经贸主管部门办理登记,国务院外经贸主管部门应当自收到规定的文件之日起 3 个工作日内,对技术进出口合同进行登记,颁发技术进出口合同登记证,申请人凭技术进出口许可证或者技术进出口合同登记证,办理外汇、银行、税务、海关等相关手续。

2.2.2　对外贸易经营者管理制度

对外贸易经营者是指依法办理工商登记或者其他执业手续,依照《对外贸易法》和其他有关法律、行政法规、部门规章的规定,从事对外贸易经营活动的法人、其他组织或者个人。我国对对外贸易经营者的经营资格管理以前实行审批制,2001 年 7 月起将以前的审批制度改为登记和核准制度,2004 年 7 月 1 日新修订《对外贸易法》正式生效后,我国对外贸易经营者资格实行备案登记制。对外贸易经营者资格实行备案登记制就是法人、其他组织或者个人在从事对外贸易经营前,必须按照国家的有关规定,依法定程序在国务院对外贸易主管部门备案登记,取得对外贸易经营资格后,方可在国家允许的范围内从事对外贸易经营活动。对外贸易经营者未按照规定办理备案登记的,海关不予办理进出口货物的报关验放手续。

2.2.3　出入境检验检疫制度

出入境检验检疫制度是指由国家出入境检验检疫部门依据我国有关法律和行政法规以及我国政府缔结或参加的国际条约协定,对出入我国国境的货物及其包装物、物品及其包装物、交通运输工具、运输设备和进出境人员实施检验检疫监管的法律依据和行政手段的总和。我国的主管部门是国家质量监督检验检疫总局。我国出入境检验检疫制度内容包括:国家质量监督检验检疫总局,每年公布并调整《出入境检验检疫机构实施检验检疫的进出境商品目录》,凡列入该目录的商品为法定检验商品,实施强制性检验。法定以外的进出境商品是否需要检验,由对外贸易关系人自行决定。我国出入境检验检疫制度包括进出口商品检验制度、进出境动植物检疫制度以及国境卫生监督制度。

①进出口商品检验制度是指国家质量监督检验检疫总局及其各地出入境检验检疫机构对进出口商品所进行品质、质量检验和监督管理的制度。进出口商品检验的内容包括商品的质量、规格、数量、重量、包装等。我国商品检验分为法定检验、合同检验、公正鉴定和委托检验四种。对法律、行政法规、部门规章规定有强制性标准或者其他必须执行的检验标准的进出口商品,依照法律、行政法规、部门规章规定的检验标准检验;法律、行政法规未规定有强制性标准或者其他必须执行的检验标准的,依照对外贸易合同约定的检验标准检验。

②进出境动植物检疫制度是指国家质量监督检验检疫总局及其各地出入境检验检疫机构对进出境动植物、动植物产品的生产、加工、存放过程实行动植

物检疫的进出境的监督管理制度。我国实行进出境检验检疫制度的目的是为了防止动物传染病、寄生虫病和植物危险性病、虫、杂草以及其他有害生物传入、传出国境,保护农、林、牧、渔业生产和人体健康,促进对外经济贸易的发展。出入境检验检疫机构实施动植物检疫监督管理的方式有实行注册登记、疫情调查、检测和防疫指导等,内容包括进境检疫、出境检疫、过境检疫、进出境携带、邮寄物检疫以及出入境运输工具检疫等。

③国境卫生监督制度是指出入境检验检疫机构在进出口口岸对出入境的交通工具、货物、运输容器以及口岸辖区的公共场所、环境、生活设施、生产设备所进行的卫生检查、鉴定、评价和采样检验的制度。我国实行国境卫生监督制度是为了防止传染病由国外传入或者由国内传出,实施国境卫生检疫,保护人体健康,其监督职能主要包括:进出境检疫、国境传染病检测、进出境卫生监督等。

2.2.4　进出口货物收付汇管理制度

《对外贸易法》规定,对外贸易经营者在对外贸易经营活动中,应当依照国家的外汇管理制度结汇、用汇。进出口货物收付汇管理是我国实施外汇管理的主要手段,也是我国外汇管理制度的重要组成部分。

我国对出口货物收汇管理施行的是外汇核销形式,目的是为了防止出口单位将外汇截留境外。具体做法是:国家外汇管理局制发《出口外汇核销单》,由货物的发货人或其代理人填写,海关凭此接受报关,外汇管理部门凭此核销收汇。

我国对进口货物付汇管理施行的也是外汇核销形式,目的是为了防止进口单位汇出外汇而实际不进口商品的逃汇行为的发生。具体做法是:进口企业在进口付汇前需向付汇银行申请国家外汇管理局统一制发的"贸易进口付汇核销单",凭以办理付汇。货物进口后,进口单位或其代理人凭海关出具的进口货物报关单付汇证明联向国家外汇管理局指定银行办理付汇核销。

2.2.5　贸易救济措施

我国在成为WTO成员国后,可以使用反倾销、反补贴和保障措施等贸易救济措施来保护国内产业不受损害。

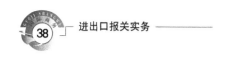

1)反倾销措施

我国实施反倾销措施是依据 WTO 的《反倾销协议》和《中华人民共和国反倾销条例》。反倾销措施包括临时反倾销措施和最终反倾销措施。

临时反倾销措施是指进口方主管机构经过调查,初步认定被指控产品存在倾销,并对国内同类产业造成损害,据此可以依据 WTO 所规定的程序进行调查,在全部调查结束之前,采取临时性的反倾销措施,以防止在调查期间国内产业继续受到损害。临时反倾销措施有两种形式:一是征收临时反倾销税;二是要求提供现金保证金、保函或者其他形式的担保。征收临时反倾销税,由商务部提出建议,国务院关税税则委员会根据其建议做出决定,由商务部予以公告,并要求提供现金保证金、保函或者其他形式的担保,由商务部做出决定并予以公告。海关自公告规定实施之日起执行。临时反倾销措施实施的期限,自临时反倾销措施决定公告规定实施之日起,不超过 4 个月;在特殊情形下,可以延长至 9 个月。

最终反倾销措施。对终裁决定确定倾销成立并由此对国内产业造成损害的,可以在正常海关税费之外征收反倾销税。征收反倾销税,由商务部提出建议,国务院关税税则委员会根据其建议做出决定,由商务部予以公告。海关自公告规定实施之日起执行。

2)反补贴措施

反补贴与反倾销的措施相同,也分为临时反补贴措施和最终反补贴措施。

临时反补贴措施。初裁决定确定补贴成立并由此对国内产业造成损害的,可以采取临时反补贴措施。临时反补贴措施采取以担保(现金保证金或保函)或征收临时反补贴税的形式。采取临时反补贴措施,由商务部提出建议,国务院关税税则委员会根据其建议做出决定,由商务部予以公告。海关自公告规定实施之日起执行。临时反补贴措施实施的期限,自临时反补贴措施决定公告规定实施之日起,不超过 4 个月。

最终反补贴措施。在为完成磋商的努力没有取得效果的情况下,终裁决定确定补贴成立并由此对国内产业造成损害的,征收反补贴税。征收反补贴税,由商务部提出建议,国务院关税税则委员会根据其建议做出决定,由商务部予以公告。海关自公告规定实施之日起执行。

3)保障措施

保障措施分为临时保障措施和最终保障措施。

临时保障措施是指在如果延迟会造成难以弥补的损失的紧急情况下,进口国不经过与成员国磋商而采取临时性措施。临时保障措施的实施期限不得超过 200 天,并且此期限计入保障措施总期限。临时保障措施应采取增加关税形式。如果事后调查不能证实进口激增对国内有关产业已经造成损害或损害威胁,则增收的关税应立即退还。

最终保障措施是指仅在防止或救济严重损害的必要限度内实施提高关税、纯粹的数量限制和关税配额措施。保障措施的实施期限一般不超过 4 年,如果仍需以保障措施防止损害或救济损害的产业,或有证据表明该产业正在进行调整,则可延长实施期限。但保障措施全部实施期限(包括临时保障措施期限)不得超过 8 年。

2.3 对外贸易管理措施

2.3.1 进、出口许可证管理

商务部会同海关总署制定、调整并发布《进口许可证管理货物目录》及《出口许可证管理货物目录》,国家以签发进出口许可证的形式对列入该目录的商品实行的行政许可管理。进出口许可证是国家管理货物进出口的凭证,不得买卖、转让、涂改、伪造和变造。凡属于进出口许可证管理的货物,除国家另有规定外,对外贸易经营者应当在进口或出口前按规定向指定的发证机构申领进出口许可证,海关凭进出口许可证接受申报和验放。商务部是全国进出口许可证的主管部门,负责制定进出口许可证管理办法及规章制度,监督、检查进、出口许可证管理办法的执行情况,处罚违规行为。商务部授权配额许可证事务局(以下简称许可证局)统一管理、指导全国各发证机构的进出口许可证签发工作,许可证局对商务部负责;许可证局及商务部驻各地特派员办事处和各省、自治区、直辖市、计划单列市以及商务部授权的其他省会城市商务厅(局)、外经贸委(厅、局)为进出口许可证的发证机构,在许可证局统一管理下,负责授权范围内签发"中华人民共和国进口许可证"或"中华人民共和国出口许可证"。

1)进口许可证

2006 年我国实行进口许可证管理的货物仅为消耗臭氧层物质 1 类,总计

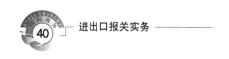

10个8位HS编码。

实行进口许可证管理的商品的报关规范是"一证一关"、"一批一证":"一证一关"指进口许可证只能在一个海关报关;"一批一证"指许可证件在其有效期内一般情况下只能对应同日同运输工具的同批进口货物做一次性报关使用,特殊情况下可多次报关使用,但应当在进口许可证备注栏内打印"非一批一证"字样,最多不超过12次,由海关在许可证背面"海关验放签注栏"内逐批签注核减进口数量。

进口许可证的有效期为1年,当年有效。特殊情况需要跨年度使用时,有效期最长不得超过次年3月31日,逾期自行失效,海关不予放行。进口许可证不得擅自更改证面内容,如需更改,经营者应当在许可证有效期内提出更改申请,并将许可证交回原发证机构,由原发证机构重新换发许可证。对进口实行许可证管理的大宗、散装货物,溢装数量按照国际贸易惯例办理,即报关进口的大宗、散装货物的溢装数量不得超过进口许可证所列进口数量的5%。

2)出口许可证

2006年我国实行出口许可证管理的货物有44种,包括了239个8位HS编码,分别实行出口配额许可证、出口配额招标和出口许可证管理。其中,凡实行出口配额许可证管理和出口许可证管理的货物,除国家另有规定外,对外贸易经营者应当在出口前按规定向指定的发证机构申领出口许可证,海关凭出口许可证接受申报和验放。出口许可证应当在有效期内使用,逾期自行失效,海关不予放行。出口许可证的有效期不得超过6个月,需要跨年度使用时,不得超过次年2月底。

实行出口许可证管理的商品的报关规范是:

①"一证一关"、"一批一证"和"非一批一证",实行"非一批一证"制的货物是外商投资企业出口许可证管理的货物和补偿贸易项下出口许可证管理的货物,签发"非一批一证"出口许可证时应在备注栏内注明"非一批一证",使用时最多不超过12次,由海关在许可证背面"海关验放签注栏"内逐批签注核减进口数量。

②出口许可证不得擅自更改证面内容,如需更改,经营者应当在许可证有效期内提出更改申请,并将许可证交回原发证机构,由原发证机构重新换发许可证。

③报关出口的大宗、散装货物的溢装数量不得超过出口许可证所列出口数量的5%。

2.3.2　自动进口许可证管理

自动进口许可证管理是指国家制定《自动许可管理货物目录》并以签发"中华人民共和国自动进口许可证"（简称自动进口许可证）的形式对列入该目录商品实行自动进口许可管理。

商务部授权配额许可证事务局，商务部驻各地特派员办事处，各省、自治区、直辖市、计划单列市商务（外经贸）主管部门以及地方机电产品进出口机构负责自动进口许可货物管理和自动进口许可证的签发工作。

2006 年我国实行自动进口许可证管理的商品是按一般商品、机电产品（包括旧机电产品）、重要工业品三个目录的形式分别进行管理的，包括 3 个目录的商品：

目录一：肉鸡、植物油、酒、烟草等共 17 种商品 307 个 10 位商品编码。

目录二：机电产品包括由商务部发证的产品共 200 个 10 位商品编码、由地方机电产品进出办公室发证的产品 640 个 10 位商品编码、由商务部发证的旧机电产品共 10 个 10 位商品编码。

目录三：包括铁矿砂、原油、成品油、氧化铝、化肥、农药、聚酯切片、钢材等 12 种商品 363 个 10 位商品编码。

实行自动进口许可证管理的商品的报关规范：

①自动进口许可证有效期为 6 个月，但仅限公历年度内有效。

②自动进口许可证项下货物原则上实行"一批一证"管理；对部分货物也可实行"非一批一证"管理，对实行"非一批一证"管理的，在有效期内可以分批次累计报关使用，但累计使用不得超过 6 次，每次海关在自动进口许可证原件"海关验放签注栏"内批注并留存复印件，最后一次使用后海关留存正本。

③海关对散装货物溢短装数量在货物总量正负 5% 以内的予以免证验放；对原油、成品油、化肥、钢材 4 种大宗货物的散装货物溢短装数量在货物总量正负 3% 以内予以免证验放。

④对"非一批一证"进口实行自动进口许可管理的大宗散装商品，每批货物进口时，按其实际进口数量核扣自动进口许可证额度数量；最后一批货物进口时，其溢装数量按该自动进口许可证实际剩余数量并在规定的允许溢装上限内计算。

2.3.3　进口废物管理

进口废物是指在生产建设、日常生活和其他活动中产生的污染环境的固态、半固态废弃物质。

国家禁止进口不能用作原料的固体废物,对进口可以用作原料的固体废物实行限制管理,凡列入《限制进口类可用作原料的废物目录》及《自动进口许可管理类可用作原料的废物目录》可以依法进口,未列入上述两目录的固体废物禁止进口。

国家环境保护总局是进口废物的国家主管部门。

进口可用作原料的废物的程序:废物进口单位或者废物利用单位直接向国家环境保护总局提出废物进口申请,由国家环境保护总局审查批准,取得国家环境保护总局签发的"进口废物批准证书"后才可组织进口。进口废物运抵口岸后,口岸检验检疫机构凭国家环境保护总局签发的进口废物批准证书及其他必要单证受理报验,经审核未发现不符合环境保护要求的,向报验人出具入境货物通关单,海关凭有效进口废物批准证书及入境货物通关单办理通关手续;对不符合环境保护要求的,向报验人出具检验证书并及时以检验证书副本通知口岸海关和当地环保部门,海关会同地方环保部门对废物依法处理。进口废物管理措施如表2.1所示。

表2.1　进口废物管理措施

适用范围	管理方式	主　管	证件名称	报关规范
列入《限制进口类可用作原料的进口废物目录》(第二批)或《自动进口许可管理类可用作原料的废物目录》的废物	自动进口许可管理或者许可证件管理	国家环保总局	自动进口许可证或进口废物批准证书	向海关申报并交验进口废物批准证书(第一联),或者标注"自动进口许可"字样的进口废物批准证书(第一联),应同时交验口岸检验检疫机构出具的入境货物通关单及其他有关单据

2.3.4　濒危物种进出口管理

濒危物种进出口管理是指国家对列入《进出口野生动植物种商品目录》珍贵濒危野生动植物及其产品实施进出口限制管理的行政行为。管理的形式是签发《濒危野生动植物种国际贸易公约允许进出口证明书》(简称《公约证明》)、《中华人民共和国濒危物种进出口管理办公室野生动植物允许进出口证明书》(简称《非公约证明》)、"非《进出口野生动植物种商品目录》物种证明"
(简称非物种证明)。

1)《公约证明》

《公约证明》用于列入《进出口野生动植物种商品目录》中属于《濒危野生
动植物种国际贸易公约》成员国(地区)应履行保护义务的物种的进出口通关,
凡进出口列入上述管理范围的野生动植物及其产品,均须事先申领《公约证
明》。《公约证明》实行"一批一证"制度。

2)《非公约证明》适用范围及报关规范

《非公约证明》用于列入《进出口野生动植物种商品目录》中属于我国自主
规定管理的野生动植物及其产品的进出口通关,凡进出口列入上述管理范围的
野生动植物及其产品,均须事先申领《非公约证明》。《非公约证明》实行"一批
一证"制度。

3)非物种证明

由于认定濒危动植物种的工作专业性很强,为使濒危物种进出口监管工作
做到既准确又严密,海关总署和濒危物种进出口管理办公室共同商定,对海关
无法认定的,由濒危物种进出口管理办公室指定机构进行认定并出具非物种证
明,报关单位凭非物种证明办理报关手续。非物种证明按时效分为"当年使用"
和"一次性使用":"当年使用"的证明在本关区、本年度内(截止至当年12月31
日)使用单位进出口相同物种时有效,进出口企业报关时应向海关出具证明正
本及复印件,海关接受报关后将复印件连同报关单据一并存档,正本交还进出
口企业报关使用,直至证明失效;"一次性使用"的证明,用于列入上述目录的非
公约附录人工培植植物物种的出口,出口企业持"一次性使用"的证明正本向海
关报关。

濒危物种进出口管理措施如表2.2所示。

表2.2　濒危物种进出口管理措施

适用范围	管理部门	海关验放凭证
《进出口野生动植物种商品目录》中所指对象	国家濒管办或其授权的办事处	《濒危野生动植物种国际贸易公约允许进出口证明书》(简称《公约证明》)
		《中华人民共和国濒危物种进出口管理办公室野生动植物允许进出口证明书》(简称《非公约证明》)

2.3.5　进出口药品管理

进出口药品管理是指为保障人体用药安全,维护人民身体健康,国家食品药品监督管理局对进出口药品实施监督管理的行政行为。

我国进出口药品管理的主管部门是国家食品药品监督管理局。管理形式是国家食品药品监督管理局会同国务院对外贸易主管部门依法制定并调整进出口药品管理目录,以签发许可证件的形式对其加以管制。

我国对进出口药品实行分类和目录管理,将进出口药品分为麻醉药品、精神药品和一般药品。目前我国公布的药品进出口管理目录有:《进口药品目录》、《生物制品目录》、《精神药品管制品种目录》和《麻醉药品管制品种目录》,其基本的报关规范如下:

①进出口列入《精神药品管制品种目录》的药品应事先取得国家食品药品监督管理局核发的《精神药品进(出)口准许证》,并凭以办理通关手续,《准许证》实行"一批一证"制度;

②进出口列入《麻醉药品管制品种目录》的药品应事先取得国家食品药品监督管理局核发的《麻醉药品进(出)口准许证》,并凭以办理通关手续,《准许证》实行"一批一证"制度;

③进出口一般药品应事前申领国家食品药品监督管理局授权的口岸药品检验所签发的《进口药品通关单》,海关凭以办理进出口手续。

进出口药品管理措施如表 2.3 所示。

表 2.3　进出口药品管理措施

适用范围	管理部门	海关验放凭证
列入《精神药品管制品种目录》或《麻醉药品管制品种目录》的进出口药品、麻醉药品,或用于临床诊断或治疗的放射性核素制剂或者其标记药物	国家药品监督管理局	①精神药品进(出)口准许证 ②麻醉药品进(出)口准许证 ③进口药品通关单

2.3.6　纺织品出口临时管理

根据《行政许可法》和《对外贸易法》,我国对部分纺织品的出口实行临时出口许可管理。对外贸易经营者在出口列入管理目录纺织品前,应按规定向指定的发证机构申领《中华人民共和国纺织品临时出口许可证》,海关凭证接受申报和验放。

纺织品临时出口许可证的管理范围：

①出口列入《输欧盟纺织品出口临时管理商品目录》、《对美出口纺织品临时管理商品目录》的纺织品；

②出口至美国、欧盟以外其他国家（地区）的纺织品和服装，无须申领纺织品临时出口许可证。

纺织品出口报关规范：

①纺织品临时出口许可证在公历年度内有效，有效期为 6 个月，逾期作废；

②纺织品临时出口许可证实行"一批一证"和"一证一关"管理；

③纺织品出口许可证不得买卖、转让、涂改、伪造和变卖。

2.3.7　黄金及其制品进出口管理

黄金及其制品进出口管理是指中国人民银行、商务部依据《中华人民共和国金银管理条例》等有关规定，对进出口黄金及其制品实施监督管理的行政行为。

黄金及制品进出口管理主管部门为中国人民银行总行。

实施出口管理的黄金，包括黄金条、块、锭、粉，黄金铸币，黄金制品，黄金基合金制品，含黄金化工产品，含黄金废渣、废液、废料，包金制品，镶嵌金制品等，出口前应事先向中国人民银行申领《黄金产品出口准许证》，海关凭此验放；进口黄金及其制品，包括黄金条、块、锭、粉，黄金铸币，黄金制品，黄金基合金制品，含黄金化工产品，含黄金废渣、废液、废料，包金制品，镶嵌金制品等，进口前应事先向中国人民银行申领《中国人民银行授权书》，海关凭此验放。

2.3.8　两用物项和技术进出口管理

两用物项和技术是指《中华人民共和国核出口管制条例》、《中华人民共和国核两用品及相关技术出口管制条例》、《中华人民共和国导弹及相关物项和技术出口管制条例》、《中华人民共和国生物两用品及相关设备和技术出口管制条例》、《中华人民共和国监控化学品管理条例》、《中华人民共和国易制毒化学品管理条例》和《有关化学品及相关设备和技术出口管制办法》所规定的相关物项及技术。国家对两用物项的进出口实行进出口许可证管理。

两用物项和技术进出口报关规范：

①两用物项进口许可证实行"非一批一证"制和"一证一关"制；两用物项

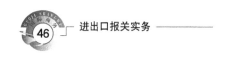

和技术出口许可证实行"一批一证"制和"一证一关"制。

②海关有权对货物是否属于两用物项和技术提出质疑,出口经营者应按规定向商务部申办出口许可或不属于管制范围的相关证明,出口经营者未出具出口许可证或相关证明的,海关将不予办理有关手续。

③两用物项和技术进出口许可证必须在有效期(1年)内使用,逾期自动失效,跨年度使用时,在有效期内只能使用到次年3月底。

④许可证证面内容不得更改,如需对证面内容进行更改,进出口经营者应当向原发证机构重新领取两用物项和技术进出口许可证。

2.3.9　出入境检验检疫管理

我国出入境检验检疫管理由进出口商品检验、进出境动植物检疫和国境卫生监督3个方面构成,实行统一的目录管理,即由国家质量监督检验检疫总局公布并调整《出入境检验检疫机构实施检验检疫的进出境商品目录》(又称《法检目录》)。凡是进出口列入目录的货物,必须先向口岸检验检疫机构报检,取得《中华人民共和国检验检疫入境通关单》或《中华人民共和国检验检疫出境通关单》,海关才予以放行。

1)入境检验检疫管理

进口列入《出入境检验检疫机构实施检验检疫的进出境商品目录》的商品,在办理进口报关手续前,报关人应依照有关规定到口岸检验检疫机构报检,取得入境货物通关单。入境货物通关单实行"一批一证"制度,是进口报关的专用单据,是海关验放该类货物的重要依据之一。向海关申报进口上述范围的商品,报关单位应主动向海关提交有效的入境货物通关单及其他有关单据。

入境货物通关单适用于下列情况:

①列入《法检目录》属于入境管理的商品。

②美国、日本、韩国、欧盟输入的货物。

③外商投资财产价值鉴定(受国家委托,为防止外商瞒骗对华投资额而对其以实物投资形式进口的投资设备的价值进行的鉴定)。

④进口可再利用的废物原料。

⑤旧机电产品进口备案。

⑥入境货物运输设备。

⑦其他未列入《法检目录》的,但国家有关法律、行政法规明确由出入境检

验检疫机构负责检验检疫的货物。

2)出境检验检疫管理

出口列入《出入境检验检疫机构实施检验检疫的进出境商品目录》中属出境管理的商品,报关人在办理出口报关手续前,依照有关规定到口岸检验检疫机构报检,检验检疫机构检验后签发出境货物通关单。出境货物通关单实行"一批一证"制度,是出口报关的专用单据,是海关验放该类货物的重要依据之一,报关单位向海关申报出口上述范围的商品时应主动提交有效的出境货物通关单及其他有关单据。

出境货物通关单适用于下列情况:

①列入《法检目录》属于出境管理的货物;

②其他未列入《法检目录》的,但国家有关法律、行政法规明确由出入境检验检疫机构负责检验检疫的货物。

2.3.10 其他进出口管理

1)音像制成品进口管理

我国对音像制品实行进口许可管制。文化部负责全国音像制品进口的监督管理工作,各级地方人民政府文化行政部门依照本办法负责本行政区域内的进口音像制品的监督管理工作,各级海关在其职责范围内负责音像制品进口的监督管理工作。

音像制品成品进口业务由文化部指定的音像制品经营单位经营,图书馆、音像资料馆、科研机构、学校等单位进口供研究、教学参考的音像制品成品,应当委托文化部指定的音像制品成品进口经营单位报文化部办理有关进口审批手续。音像制品进口单位凭文化部进口音像制品批准文件到海关办理母带(母盘)或者音像制品成品的进口手续,海关凭有效的"中华人民共和国文化部进口音像制品批准单"办理验放手续;对随机器设备同时进口以及进口后随机器设备复出口的记录操作系统、设备说明、专用软件等内容的音像制品,海关凭进口单位提供的合同、发票等有效单证验放。

2)化学品首次进境及有毒化学品管理

"化学品首次进口"是指外商或其代理人向中国出口其未曾在中国登记过

的化学品,即使同种化学品已由其他外商或其代理人在中国进行了登记,仍被视为化学品首次进口。"有毒化学品"是指进入环境后通过环境蓄积、生物累积、生物转化或化学反应等方式损害健康和环境,或者通过接触对人体具有严重危害和具有潜在危险的化学品。

为了保护人体健康和生态环境,国家环境保护总局会同海关总署和原外经贸部联合制定了《化学品首次进口及有毒化学品进出口环境管理规定》,同时发布了《中国禁止或严格限制的有毒化学品名录》,对首次进口化学品和进出口有毒化学品进行监督管理。

国家环境保护局在审批化学品首次进口环境管理登记申请时,对符合规定的签发《化学品进(出)口环境管理登记证》,海关凭此验放;国家环保局在审批有毒化学品进出口申请时,对符合规定的签发《有毒化学品进(出)口环境管理放行通知单》,海关凭此验放。

3)进、出口农药管理

进出口列入《中华人民共和国进出口农药登记证明管理名录》(简称《农药名录一》)和《中华人民共和国进出口列入事先知情同意程序(PIC)农药登记证明管理目录》(简称《农药名录二》)中的非用作工业原料的农药,应事先向农业部农药检定所申领《进口农药登记证明》或《出口农药登记证明》,凭以向海关办理进出口报关手续。对一些既可用作农药,也可用作工业原料的商品,如果企业以工业原料用途进出口,则不需办理进出口农药登记证明。对此类商品,海关不再验核进出口农药登记证明,改凭农业部向进出口企业出具的加盖"中华人民共和国农业部农药审批专用章"的"非农药登记管理证明"验放。

4)兽药进口管理

兽药进口管理是指国家农业部依据《进口兽药管理办法》,对进口兽药实施的监督管理。报关单位申报进口兽药、人畜共用兽药,应先向农业部指定的口岸兽药监察所报检,然后凭口岸兽药监察所已加盖"已接受报验"印章的进口货物报关单办理有关通关验放手续。

5)进出境现钞管理

进出境现钞管理是指国家对进出境现钞实施的管理。这里所说的现钞是指在流通中使用的人民币和外币,包括各种面额的纸币和硬币,其中,属于银行经营外汇业务的现钞(可自由兑换纸币及硬币)进出境由国家外汇管理局管理,进出境的人民币现钞由中国人民银行管理。

外币现钞进出境时,报关单位应凭外汇管理局核发的《银行调运外币现钞进出境许可证》向海关办理通关手续;人民币现钞进出境时,报关单位应凭中国人民银行货币金银局的批件向海关办理通关手续。

外币现钞进出境仅限在北京、上海、福州、广州、深圳口岸报关。

"其他进出口管理"措施如表2.4所示。

表2.4　贸易管制措施对照表

名　称	适用范围	主管部门	海关验放凭证
音像制品	①由文化部指定的经营单位经营进口的音像制品成品 ②供研究、教学参考的音像制品成品	国家文化部	进口音像制品批准单
有毒、首次进境化学品	《中国禁止或严格限制的有毒化学品名录》的化学品或有毒化学品	国家环保总局	批件和(或)"化工品进(出)口环境管理登记证"或"有毒首次进境化工品管理放行通知单"
农药	《中华人民共和国进出口农药登记证明管理名录》(简称《农药目录一》)和《中华人民共和国进出口列入事先知情同意程序(PIC)农药登记证明管理名录》(简称《农药目录二》)	农业部药检所	"进口农药登记证明"或"出口农药登记证明"
兽药	用于预防、治疗、诊断畜禽等动物疾病,有目的地调节其生理机能并规定作用、用途、用法、用量的物质	国家农业部	已加盖"已接受报验"的进口货物申报单
现钞	进出境在流通中使用的人民币和(或)外币(包括各种面额的纸币和(或)硬币)	国家外汇管理局或中国人民银行货币金银局	"银行调运外币现钞进出境许可证"或中国人民银行货币金银局的批件

自 测 题

一、单项选择题

1. 对于列入( )的进出口商品,必须依法实施检验。

　　A.《进出口商品协调制度》　　B.《国际贸易商品分类表》

　　C.《法检目录》　　D.《商品检验目录》

2. 某企业经对外贸易主管部门批准,取得了对外贸易经营权和相应的经营范围许可,请问,该企业经营( )可不另行申领进出口许可证。

　　A. 经营范围以外的一般商品　　B. 国家限制进出口的商品

　　C. 国家实行分类管理的商品　　D. 除 B,C 两项以外的其他商品

3. 对于不实行"一批一证"制度的许可证,在有效期内的使用次数限制为( )。

　　A. 无限次使用　　B. 最多 4 次

　　C. 最多 6 次　　D. 最多 12 次

二、多项选择题

1. 属于实行配额招标的 17 种商品之一的纺织品,海关对设限国家出口凭( )验放。

　　A.《纺织品出品许可证》　　B.《纺织品配额证明》

　　C.《纺织品出口批准书》　　D.《出口货物许可证》

2. 我国出入境检验检疫制度内容包括( )。

　　A. 进出口商品检验制度　　B. 进出境动植物检疫制度

　　C. 国境卫生监督制度　　D. 进出口食品检验制度

3. 我国商品检验的种类有( )。

　　A. 法定检验　　B. 合同检验

　　C. 公正鉴定　　D. 委托检验

4.《中华人民共和国货物进出口管理条例》根据管理的不同需要,把进出口货物分为( )。

　　A. 禁止进出口货物　　B. 限制进出口货物

　　C. 鼓励进出口货物　　D. 自由进出口货物

三、判断题

1. 进出口许可证的签发统一由海关总署负责,实行分级管理。 ( )

2.外币现钞进出境只限在北京、上海、福州、广州、深圳、青岛口岸报关。

                                                      (   )

3.凡未列入《国家限制进口的可用作原料的废物目录》中的任何废物,必须经国家环境保护总局审查批准,方可进口。   (   )

4.根据我国出口收汇核销制度,企业在向银行结汇时必须提交核销单,否则银行不予核销。   (   )

四、思考题

1.贸易管制的概念和目的。

2.我国贸易管制的主要内容。

3.简述海关监管是实现贸易管制的重要手段和重要环节。

4.进出口许可制度。

5.进出口货物的配额管理。

6.配额管理与许可证管理的主要区别。

7.我国出入境检验检疫制度。

8.进口付汇管理和出口收汇管理。

9.贸易救济的几种措施及其区别。

五、实训

实训目的与要求:了解海关行政许可权内容。

训练材料如表2.5所示。

表2.5 海关系统设定的行政许可项目

项目名称	实施机关	设定依据
报关企业注册登记	海关总署或其授权的直属海关	《中华人民共和国海关法》第十一条:进出口货物收发货人、报关企业办理报关手续,必须依法经海关注册登记,报关人员必须依法取得报关从业资格
报关员资格核准及注册登记	海关总署、各直属海关	(同上)
免税商店设立审批	海关总署	《中华人民共和国海关法》第三十二条:经营保税货物的储存、加工、装配、展示、运输、寄售业务和经营免税商店,应当符合海关监管要求,经海关批准,并办理注册手续

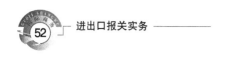

续表

项目名称	实施机关	设定依据
进出口货物免验审批	海关总署	《中华人民共和国海关法》第二十八条:进出口货物应当接受海关查验,经收发货人申请,海关总署批准,其进出口货物可以免验
海关监管货物仓储审批	各直属海关	《中华人民共和国海关法》第三十八条:经营海关监管、货物仓储业务的企业,应当经海关注册,并按照海关规定,办理收存、交付手续。在海关监管区外存放海关监管货物,应当经海关同意,并接受海关监管

请根据上述海关系统行政许可项目表回答问题:

海关对下列哪些事务具有行政许可权(　　　)。

A. 企业报关资格的许可

B. 报关员的报关从业许可

C. 企业从事对外贸易经营业务的许可

D. 企业从事海关监管货物仓储业务的许可

六、案例分析

犀牛角、虎骨、右置方向盘的汽车和金银等货物中,哪些属我国政府禁止进口的范围?

第3章
海关进出口商品归类

【本章导读】

本章主要从商品名称及编码着手,详细介绍海关进出口商品的归类原则。本章属于报关中必须掌握的内容,通过学习,掌握商品归类的《协调制度》的基本结构和编码规律,能熟练地对商品进行归类,从而找出正确的商品编码,为以后税费的计算打下扎实的基础。

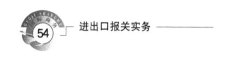

3.1　商品名称及编码协调制度

3.1.1　《协调制度》的概念

《商品名称及编码协调制度》(Harmonized Commodity Description and Coding System,简称 H. S),通常简称《协调制度》。它是在《海关合作理事会商品分类目录》(CCNN)和联合国的《国际贸易标准分类》(SITC)的基础上,协调参照国际上主要国家的税则、统计、运输等分类目录而制成的一个多用途的国际贸易商品分类目录。它被广泛用于各国海关征税、国际贸易统计、原产地规则、国际贸易谈判、贸易管制等多个领域。

由于《协调制度》中对于商品的分类的完整、系统、通用和准确,它已经成为国际贸易商品分类的一种"标准语言"。我国经国务院批准,我国海关自 1992 年 1 月 1 日起开始采用《协调制度》,应用于进出口商品的归类及对其的管理。

3.1.2　《协调制度》的基本结构

协调制度主要由 3 部分组成,即商品编码表、注释(包括类注释、章注释、子目注释)和归类总规则。

1)商品编码表

商品编码表由商品名称和商品编码组成,一般情况下,商品编码栏居左,商品名称居右。

协调制度将商品根据不同的行业分成不同的类,每类下按照商品的自然属性或功能或加工程度的不同,分成不同的章,协调制度将商品分为 21 类 97 章,其中,第 77 章为空章,为保留以后用。另外,还有 98,99 两章,是为某些特殊的国家保留以备使用。有的章下面还设有分章,如第 71 章,下设有 3 个分章。

商品编码由 8 位阿拉伯数字构成:

第 1,2 位为章的序号,如第 5 章,前两位为 05;

第 3,4 位为该商品所处章下的品目顺序号,如 0504,即表示第 5 章的第 4 个品目;

第 5 ~ 8 位数字表示子目号,子目又分一级子目、二级子目、三级子目和四级子目,如果品目下没有细分,则用"0"表示,如 0504.0021,表示一级子目号为 0,二级子目号为 0,三级子目号为 2,四级子目号为 1,即在品目下没有细分一级子目和二级子目。

在确定商品的编码时,在商品编码表中,可以其商品名称前的短横线去确定商品的子目级数,前面是一条短横线的代表目前是处于一级子目,两条横线的表示处于二级子目,三条横线表示三级子目,四条横线则表示四级子目。要查询商品编码时,特别要注意编码表上的"其他",在编码表中"其他"由数字"9"表示,一般情况下,当其他前为一条短横线,那么商品编码的第 5 位数即为"9",前有两条横线,则第 6 位为"9",前有三条横线,则第 7 位为"9",前有四条横线,则第 8 位为"9"。

协调制度分类目录的结构如图 3.1 所示。

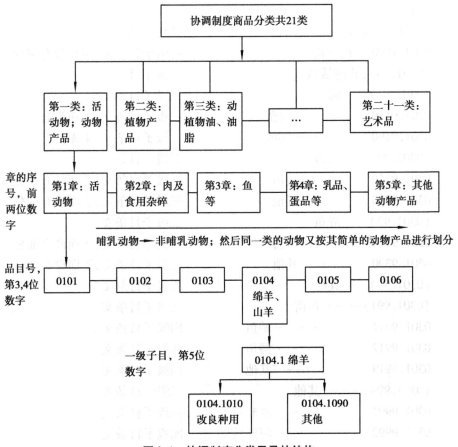

图 3.1 协调制度分类目录的结构

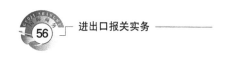

2) 注释（包括类注释、章注释、子目注释）

在商品编码表中，位于类标题下的注释，即类注；位于章标题下的注释，即章注；位于类注、章注或章标题下的是子目注释。

注释是协调制度中限定各类、章、项目和子目所属商品准确范围，简化商品名称的描述内容，杜绝商品分类的交叉，保证商品归类的正确而设立的。

在同一类商品下面既有类注、章注，而同时还有子目注释时，子目注释处于最优先的地位，章注次之，最后才是类注。

3) 《协调制度》归类总规则

详细内容见第二节。

例：

03.01	活鱼	品目条文
0301.1000	—观赏鱼	一级子目条文，下面没有细分
(0301.9)	—其他活鱼	一级子目条文
(0301.91)	——鳟鱼	二级子目条文
0301.9110	———鱼苗	三级子目条文，下面没有细分
0301.9190	———其他	三级子目条文，下面没有细分
(0301.92)	——鳗鱼	二级子目条文
0301.9210	———鱼苗	三级子目条文，下面没有细分
0301.9290	———其他	三级子目条文，下面没有细分
(0301.93)	——鲤鱼	二级子目条文
0301.9310	———鱼苗	三级子目条文，下面没有细分
0301.9390	———其他	三级子目条文，下面没有细分
(0301.99)	——其他	二级子目条文
(0301.991)	———鱼苗	三级子目条文
0301.9911	————鲈鱼	四级子目条文
0301.9912	————鲟鱼	四级子目条文
0301.9919	————其他	四级子目条文
(0301.999)	———其他	三级子目条文
0301.9991	————罗非鱼	四级子目条文
0301.9992	————河钝鱼	四级子目条文
0301.9999	————其他	四级子目条文

在品目 0301 下分为两个并列的一级子目：

0301.1　　　"观赏"活鱼

0301.9　　　"其他"活鱼

其中一级子目 0301.1"观赏"鱼下没有再细分,而 0301.9"其他"活鱼下分为 4 个并列的二级子目：

0301.91　　　鳟鱼

0301.92　　　鳗鱼

0301.93　　　鲤鱼

0301.99　　　其他非观赏鱼

其中二级子目 0301.91 鳟鱼下分为并列的两个三级子目：

0301.911　　　鳟鱼鱼苗

0301.919　　　其他,即鳟鱼除鱼苗后的其他活的鳟鱼的形态

其中二级子目 0301.92 鳗鱼下分为并列的两个三级子目：

0301.921　　　鳗鱼鱼苗

0301.929　　　其他,即鳗鱼除鱼苗后的其他活的鳗鱼的形态

其中二级子目 0301.93 鲤鱼下分为并列的两个三级子目：

0301.931　　　鲤鱼鱼苗

0301.939　　　其他,即鲤鱼除鱼苗后的其他活的鲤鱼的形态

其中二级子目 0301.99 其他下分为并列的两个三级子目：

0301.991　　　鱼苗,即除了鳟鱼、鲤鱼、鳗鱼以外的其他种类非观赏鱼的鱼苗

0301.999　　　其他,即除了鳟鱼、鲤鱼、鳗鱼以外的其他种类非观赏鱼的鱼苗以外的活鱼的形态

而三级子目 0301.991 鱼苗下又分为 3 个四级子目：

0301.9911　　　鲈鱼鱼苗

0301.9912　　　鲟鱼鱼苗

0301.9919　　　其他,即表示除了鳟鱼、鳗鱼、鲤鱼、鲈鱼、鲟鱼以外的其他非观赏鱼的鱼苗

同时三级子目 0301.999 下又分为 3 个四级子目：

0301.9991　　　罗非鱼,即表示除了鱼苗这种形态外的其他形态的活的罗非鱼

0301.9992　　　河钝鱼,即表示除了鱼苗这种形态外的其他形态的活的河钝鱼

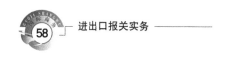

0301.9999 其他,即表示上述所列的鱼以外的其他鱼的除了鱼苗形态的其他形态的活鱼。

3.1.3 《协调制度》的编码规律

《协调制度》的商品编码是有一定的规律的,其编码遵循以下规律:

①商品归类时每一类的商品基本上属于同一个生产行业,如第五类矿产品,第七类塑料、橡胶及其制品。

②协调制度中对各类进行分章时,一般以商品的自然属性或对原料的加工程度或所具有的的功能和用途为标准,如第1章活动物(自然属性相同,均是活的哺乳动物)。

③商品归类各类或各章的先后顺序一般是先动物,再植物,后矿物进行排列,如动物在第一类,植物在第二类,矿产品处于第五类。

④而每一章的品目则按照商品的加工程序由低到高进行排列。

⑤除此以外,对于同种类商品先是具体列名,再是一般列名,最后才是未列名。对同种商品,先是整机,后零件和配件。

《协调制度》中的商品编码除了有以上规律外,分类时对于一些商业习惯和实际操作的问题也有考虑到。如对某些进出口数量较多,又难于按生产行业分类的商品,专列类、章和商品项目,如第二十类杂项制品。

3.2 《协调制度》归类总规则

《协调制度》将国际贸易中种类繁多的商品,根据其在国际贸易中所占的比重和地位,分成若干类、章、分章和商品项目。为使人们在对各种商品进行归类时有章可循,能准确无误地归入《协调制度》的恰当品目号下,不发生交叉、重复或归类的不一致,《协调制度》将商品分类的普遍规律加以归纳总结,这就是《协调制度》的归类总规则。所有进出口货物在《协调制度》中的归类必须遵循这些原则。

《协调制度》的归类总规则共有6条:

规则一:

类、章及分章的标题,仅为查找方便而设。具有法律效力的归类,应按其品目条文和有关类注或章注确定,如品目、类注或章注无其他规定,按以下规则确定:

第一句话说明类、章及分章的标题是不具有法律效力,只是为了查找时方便才设置的。如,第五类的标题是"贱金属及其制品",按标题,它应包括所有贱金属的制品,但有的贱金属制品则没有包括在内,而在其他类别中出现,如铝制的拉链;第九类的标题是"木及木制品",按标题,它应包括所有木制品,但木制家具则属于第二十类杂项制品。

　　第二句话指明了什么才是有法律效力的归类,那就是必须按照各个注释进行归类确定,而且还说明了注释是为了限定类、章和品目的商品范围,如果从注释不能归类的,就按照后面的规则进行商品的归类。

　　　　第二章肉及食用杂碎,章注"本章不包括:
　　一、品目 02.01 至 02.08 或 02.10 的不适合供食用的产品;
　　二、动物的肠、膀胱、胃(品目 05.01)或动物血(品目 05.11,30.02);
　　三、品目 02.09 所列产品以外的动物脂肪(第十五章)"。

　　规则二:
　　(一)税目所列货品应视为包括该项货品的不完整品或未制成品,只要在进口或出品时,该项不完整品或未制成品具有完整品或制成品的基本特征;还应包括该项货品的完整品或制成品,在进口或出口时未组装件或拆散件。
　　(二)税目中所列材料或物质,应视为包括该种材料或物质与其他材料或物质混合或组合的货品。税目所列某种材料或物质构成的货品,应视为包括全部或部分由该种材料或物质构成的货品,应按规则三归类。
　　规则二主要是为了扩大商品范围。
　　从规则二(一)部分可以看出,品目中所列商品应包括该商品的完整品、制成品、不完整品、未制成品和完整品以及制成品的拆散件、未组装件,只要它在向海关申报,海关查验时已经具有完整品或制成品的基本特征。要注意的是,这里的不完整品和未制成品还不能像完整品和制成品那样正常使用或运行。

　　　　已经织好了上身和袖子,只差脖子未完成的毛衣,即按完整品毛衣归类,因为没有织脖子的毛衣已经具有了整件毛衣的基本特征,已经可以穿了,只是缺少一个毛衣脖子。

　　从规则二(二)部分可以看出对于混合物或组合物的分类标准。在所列材

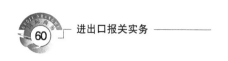
料或物质中加入了其他材料或物质的混合物,只要没有失去原有材料或物质的特征,即归入所列材料或物质类中。

例如

在牛奶中加糖后仍然归入牛奶一类,在牛奶中加入糖后,变成了混合物,但是没有改变牛奶本身的基本特征,因此按规则二(二)应按牛奶归类。

在使用中要注意各注释的要求,要是在注释中已经有了规定,则按注释归类,若注释中没有其他规定,以本规则归类。

值得注意的是,在加入其他物质后,必须没有改变原有物质的基本特征才能按该规则归类。

要是混合及组合的材料或物质,以及由一种以上材料或物质构成的货品,看起来可归入两个或两个以上品目号的,则必须按规则三的原则进行归类。

规则三:

当货品按规则二(二)或由于其他原因看起来可归入两个或两个以上税目时,应按以下规则归类:

(一)列名比较具体的税目,优先于列名一般的税目。但是,如果两个或两个以上税目都仅述及混合或组合货品所含的某部分材料或物质,或零售的成套货品中的某些货品,即使其中某个税目对该货品描述得更为全面、详细,这些货品在有关税目的列名仍应被视为同样具体。

(二)混合物、不同材料构成或不同部件组成的组合物以及零售的成套货品,如果不能按照规则三(一)归类,则可在适用本款的条件下,应按构成货品基本特征的材料或部件归类。

(三)当货品不能按照规则三(一)或(二)归类时,应按号列顺序归入其可归入的最末一个税目。

本规则适用于可归入两个或两个以上品名的商品归类。

第一部分表示以具体列名归类;第二部分表示没有具体列名时,则以商品的基本特征归类;第三部分表示不能按具体列名,也不能按基本特征归类时,则以其归入的最后一个品目归类。其先后顺序为先是具体列名,基本特征次之,最后才是从后归类。只是要注意的是,该归类方法同样是在归类中注释没有特殊要求时才能使用。

规则三中第一部分的具体列名,是指品目中对商品的描述更为详细,更为接近要归类的商品。即列名比较具体的品目优于列名一般的品目,商品的具体名称比商品的类别名称要优先。

例如

锂电池(石英表用),它属于石英表的零件,但同时它是一种一次性使用的原电池,根据比较,描述为一次性使用的原电池更为具体,按具体列名,按一次性使用的原电池归类,即品目8506。

但是,如果对混合物或组合物或成套商品,在其中某个品目比其他品目对该货品描述得更加全面详细,那么这种情况这种品目的描述则同样具体,如此,商品的归类就要以其基本特征进行归类。在确定基本特征时,要综合考虑其构成要素,包括所含材料或部件的性质、价值、重量、体积等。对于不同部件的组合物中的部件可以是相互固定组合,实际不可分离,也可以是可以分离的,但必须是相互补充、配合使用、构成一体,通常一起销售的。

例如

零售包装的成套工具(内有钳子、锤子、螺丝刀、扳手、钢锉、凿子、白铁剪),根据本规则的原则,成套工具的几个工具均属于品目8202至8205内的工具,而在使用中是属于具有互补作用,进行配合使用构成一体的,并包装在一起成套销售,因此,按规则三的第二部分规则归类,归入品目号8206,编码为8206.0000。

注意:在采用这种方法归类时,成套包装不包括促销包装。

如果按照具体列名、基本特征都不能解决商品的归类时,则采用从后归类。

例如

按重量计含涤纶短纤50%,醋酸短纤25%,粘胶纤维短纤25%,每平方米重170 g的四线斜纹色织机织物(幅宽110 cm),可以看出,本商品属于化学纤维的混合物,涤纶短纤是合成纤维,而后两种为人造纤维,应按化学纤维归入第55章。合成纤维与人造纤维的含量各占50%,若按合成纤维归类,归入品目5515,按人造纤维归类,则归入品目5516。根据规则三(三)的归类原则,采取从后归类,因此应归入5516品目,查出编码为5516.9300。

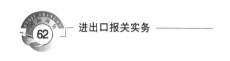

规则四：

根据上述规则无法归类的货品，应归入与其最相类似的货品的税目。

科学技术的发展，会出现一些目前没有或者没有意想到的商品，对于这种商品，《协调制度》就不一定已经包括在内，鉴于此，则采用最相类似的品目进行归类。确定货品的最相类似的品目时要考虑很多因素，包括货物名称、基本特征、用途、功能、结构、构成要素，很显然是有较大的困难的。在实际应用中，很少利用这个规则。在《协调制度》中已经列了"其他"这个品目，无法确定时，可以归入品目"其他"。

规则五：

除上述规则外，本规则适用于下列货品的归类：

（一）制成特殊形状仅适用于盛装某个或某套物品并适合长期使用的照相机套、乐器盒、枪套、绘图仪器盒、项链盒及类似容器，如果与所装物品同时进口或出口，并通常与所装物品一同出售的，应与所装物品一并归类。但本款不适用于本身构成整个货品基本特征的容器。

（二）除规则五（一）规定的以外，与所装货品同时进口或出口的包装材料或包装容器，如果通常是用来包装这类货品的，应与所装货品一并归类。但明显可重复使用的包装材料和包装容器可不受本款限制。

该规则是对于包装物归类的一个专门的规则。第一部分主要适用可以长期使用的包装容器，值得注意的是，这里的容器是具有特殊形状或形式的，是为了专门装某一类物品，并与所装物品同时报验、同时出售，但没有构成物品的主要特征。如：首饰盒与首饰一并归入首饰一类。但如果包装物已超出了所包装物品的基本特征，此时需要分别归类。

而第二部分针对的是不可重复使用的包装材料和容器。通常是一次性包装物，货物一旦开拆后，包装物不能再做他用，这样的包装材料依然与所装物品一并归类。如装工艺品的带有泡沫的纸箱，与工艺品一起归类。值得注意的是，这种归类规则不适用于明显可以重复使用的包装材料或包装容器。

规则六：

货品在某一税目项下各子目的法定归类，应按子目条文或有关的子目注释以及以上各条规则来确定，但子目的比较只能在同一数级进行。除本税则目录另有规定的以外，有关的类注、章注也适用于本规则。

该规则是专门为商品在《协调制度》子目中的归类而制定的。

这里的"同一数级"子目，是指同一级别的子目。本规则说明了在进行商品归类时在确定子目时首先以子目条文和注释来确定，其次才按类注或章注进行归类。而确定子目时,要比较子目描述的详细具体而定,在比较时,只能在同一级子目间进行比较,不能在不同级别的子目间进行比较。在确定子目时,要按给定的条件先确定一级子目,然后再确定二级子目,以此类推,确定出三级子目,最后确定商品编码。

例如

　　供食用的活甲鱼属爬行动物,归入第一章品目 0106,然后按爬行动物归入该品目下的第二个一级子目(0106.2),比较该子目下的三级子目(因没有二级子目,所以直接比较三级子目),最后按可食用归入编码 0106.2020。

3.3　海关进出口商品分类目录

　　海关进出口商品分类目录是对进出口商品进行归类的基本依据。我国海关的进出口商品分类目录是指根据海关征税和海关统计工作的需要,分别编制的《中华人民共和国海关进出口税则》和《中华人民共和国海关统计商品目录》。这两个分类目录品目在第一章至第九十七章完全一致,均是以《协调制度》为基础,结合我国进出口货物的实际情况编制而成的。

3.3.1　目录概况

1)产生与发展

　　《中华人民共和国海关进出口税则》和《中华人民共和国海关统计商品目录》自 1992 年 1 月 1 日起实施。为适应科学发展和国际贸易方式的变化情况有效地实施对进出口物流的监督,世界海关组织(WCO)根据《协调制度国际公约》有关条款的规定,对 1996 年版《协调制度》(H. S.)进行了全面修订,并在 1999 年召开的 WCO 协调制度委员会第 24 次会议上公布了 2002 年版《协调制度》。

　　目前采用的《中华人民共和国海关进出口税则》和《中华人民共和国海关统计商品目录》是根据 2002 年版的《协调制度》编制的。我国目前的进出口税则税目为 7 550 个。《中华人民共和国海关统计商品目录》第一章至第九十七章

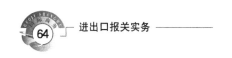
（其中第七十七章为空章）的前 6 位数码及其商品名称与《协调制度》完全一致，第 7,8 两位数码是根据我国关税、统计和贸易管理的需要细分的,2006 版的税则目录共有 7 605 个。

2）商品号列的意义、编排规律及其表示方法

《中华人民共和国进出口税则》中的商品号列称为税号,为征税需要,每项税号都有该商品的税率;《中华人民共和国海关统计商品目录》中的商品号列称为商品编号,为统计需要,每项商品编号后还列出了该商品的计量单位,并增加了第二十二类"特殊交易品及未分类商品"（内分第九十八章和第九十九章）。

目录中商品的顺序与《协调制度》归类的规律一致。

目录采用结构号列,是有一定含义的编码。我国进出口商品编码的表示方法如下所示：

编码：　0　1　　　0　2　　　1　0　0　0　——改良种牛
位数含义：章　　　　税（品）目　　5　6　7　8
　　　　　　　　　　　　　　　　　位　位　位　位
　　　　　　　　　　　　　　　　　数　数　数　数
　　　　　　　　　　　　　　　　　级　级　级　级
　　　　　　　　　　　　　　　　　子　子　子　子
　　　　　　　　　　　　　　　　　目　目　目　目

其中,章,税（品）目,5,6 位数码级子目号列为《协调制度》原有的编码,7,8 位数码级子目号列为我国增加的编码。

3.3.2　目录内容

第一类　活动物;动物产品（第一章至第五章）

本类包括活动物及动物的初级产品,其商品范围从第一章至第五章,分为三个部分：

第一类商品的范围 { 活动物（第一章、第三章）
食用动物产品（第二章至第四章）
非食用动物产品（第五章）

本类所包括的动物产品只是经过简单加工,如冷、冻、干、熏、盐腌或盐渍,或将食用肉及杂碎粉碎成供人食用的粗粉、细粉。超过该加工范围,则需归入

第四类。

第一章　活动物

本章包括各种活动物,一般为哺乳动物和爬行动物,不包括第三章的动物、流动马戏团的动物、动物园及其他类似巡回展出用的活动物。

本章共6个品目。

第二章　肉及食用杂碎

本章主要包括第一章的活动物屠宰后所得的供人食用的整头动物、半头动物及其他肉块和食用杂碎以及食用杂碎的粗粉或细粉。

本章共10个品目。

本章动物产品的允许加工程序只能是鲜、冷、冻、盐腌、盐渍、干制、熏制或在面上撒糖水。而其他的进一步加工,如经煮、蒸等则要按更深层次的加工归入第十六章。

本章不包括:动物的肠、膀胱、胃,不管是否可食用;供药用以临时保藏的杂碎,如用酒精临时保藏;不能供人食用的杂碎;制药用干制的杂碎,如胎盘。

第三章　鱼、甲壳动物、软体动物及其他水生无脊椎动物

本章包括所有活的或死的鱼、甲壳动物、软体动物和其他水生无脊椎动物。这些动物可供直接食用、工业用(罐头工业等)、产卵用或观赏用。但不包括第五章因其种类或鲜度不适合供人食用的上述死动物。

本章共7个品目。

本章仅包括下列状态的鱼、甲壳动物、软体动物及其他水生无脊椎动物:鲜、冷、冻、盐腌、盐渍、干制或熏制、切割、剁碎、绞碎、磨碎等。对于这一章的商品归类时要考虑其保存状态和加工程度。

第四章　乳品;蛋品;天然蜂蜜;其他食用动物产品

本章包括乳品、蛋品、天然蜂蜜及其他税(品)目未列名食用动物产品。

本章的乳品包括,乳及奶油;酪乳、凝结的乳及奶油、酸乳、酸乳酒及其他发酵或酸化的乳和奶油;乳清;以天然乳为基本成分的未列名产品;黄油及其他乳制得的脂和油;乳酪及凝乳。

如果是以乳品为原料制成的食品则不能归入该类,应归入第十九章或第二十一章。

本章共有10个品目,第1个品目到第4个品目是乳及乳品;第7个品目到第8个品目为禽蛋;第9个品目为天然蜂蜜;第10个品目是其他品目未列名的食用动物产品。

第五章　其他动物产品

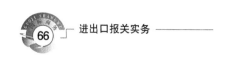

本章包括不能食用的各种未加工或仅经简单加工的第二章至第四章不包括的动物产品。但动物的肠、胃、膀胱以及动物血,不论是否供人食用均归入本章。

本章共 11 个品目。

第二类　植物产品(第六章至第十四章)

本类包括绝大多数未加工或仅做了有限加工的植物产品。本类产品是商品编码表中的第六章至第十四章,分为三个部分:

$$第二类商品的范围 \begin{cases} 活植物(第六章) \\ 食用植物产品(第七章至第十二章) \\ 非食用植物产品(第十三章和第十四章) \end{cases}$$

归入本类的植物产品一般未经过加工或仅经过简单加工,而保存方式也仅包括鲜、冷、冻、干或经临时保藏处理。超出这些加工程序的归入第三类或第四类。

第六章　活树及其他活植物;鳞茎、根及类似品;插花及装饰用簇叶

本章包括通常由苗圃(包括园林)或花店供应,为种植或装饰用的各种活植物,以及菊苣植物及其根,同时还包括插花、花束、花圈、花篮及类似的花店制品。但不包括种植用的其他章已包括的可食用子仁、果实或蔬菜。

本章共 4 个品目。

第七章　食用蔬菜、根及块茎

本章包括食用蔬菜和高淀粉或菊粉含量的植物块茎及块根。这些蔬菜在保存时主要采用的是鲜、冷、干、冷冻、经临时保藏处理。而在加工时可采取的加工方法有:切块、切片、切丝、捣碎、磨碎、去皮或去壳等。

本章共 14 个品目。

第八章　食用水果及坚果;甜瓜或柑橘属水果的果皮

本章包括通常供人食用的水果、坚果及柑橘属果皮或甜瓜皮。本章所采用的加工程度与保藏方式与第七章类似。要注意的是不属于食用果品范围的植物果实不能归入本章。

本章共 14 个品目。

第九章　咖啡、茶、马黛茶及调味香料

本章包括咖啡及咖啡代用品、茶、马黛茶及调味香料。本章产品允许进行的加工方式主要有焙炒、发酵、捣碎或制成粉末等。

本章共 10 个品目。

第十章　谷物

本章仅包括谷物,不论是否成穗或带杆。加工程度不能超出脱料加工或其他加工的范围,即已去壳或经其他加工的谷物应归入第十一章,但不包括稻谷,稻谷经过去壳、碾磨、磨光、上光、半热、改良或破碎后仍归入本章。本章不包括甜玉米和干的菜豆。

本章8个品目。

第十一章　制粉工业产品;麦芽;淀粉;菊粉;面筋

本章包括碾磨或经其他方法加工第十章的谷物及第七章的甜玉米所得的产品;将第十章的谷物按本章所列方法加工的产品,以及其他章的原料用类似上述方法加工的产品。这些产品如果再进一步加工,一般归入第九章。

本章有9个品目,其分布情况如下:

小麦、谷物细粉、粗粒　　　　　　　　　1101～1103
经其他加工(如去壳、滚压等)的谷物　　1104
马铃薯粉、干豆粉、果粉　　　　　　　　1105～1106
麦芽、淀粉、面筋　　　　　　　　　　　1107～1109

第十二章　含油子仁及果实;杂项子仁及果实;工业用或药用植物;稻草、秸秆及饲料

本章包括某些特殊用途的植物产品,主要用作各种工业的原料,如榨油用含油子仁及果实(大豆、花生等);种植用的种子;酿啤酒用的啤酒花及蛇麻腺;制糖用甜菜及甘蔗;稻草、秸秆及植物性饲料;工业用或药用植物;海草及其他藻类;以及主要供食用的未列名果核、果仁及其他植物产品。

本章所含的产品可用破碎的方法加工,但不能焙炒或烹煮。

本章14个品目。

要注意的是甜菜叶的归类,甜菜叶不能归入蔬菜一章,必须归入本章,它属于制糖用的或煮用于喂牲畜的饲料一类。

第十三章　虫胶;树胶、树脂及其他植物液、汁

本章包括虫胶:天然树胶、树脂、树胶脂、含油树脂、香树脂和其他植物液汁、浸膏、果胶等,以及从植物产品制得的琼脂及其他胶液和增稠剂。但要注意的是本章不包括天然橡胶。

本章共2个品目。

第十四章　编结用植物材料;其他植物产品

本章包括各种非食用的植物产品,主要用于编结、制帚、制刷或做填塞、衬垫用的未加工或简单加工的植物材料,如竹子;供雕刻、制扣及其他花哨小商品

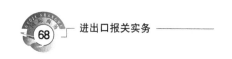

用的子、核、壳、果;棉短绒及未列名的其他植物产品。

本章共 4 个品目,其分布情况如下:

主要做编结用的植物材料	1401
主要做填充用的植物材料	1402
主要供制帚、制刷用的植物材料	1403
其他品目未列名的植物材料	1404

第三类　动、植物油、脂及其分解产品;精制的食用油脂;动、植物蜡(第十五章)

本类只包括 1 章,即第十五章。商品范围包括动、植物油、脂、蜡及处理油脂剩下的残渣。但不包括从乳中提取的黄油脂。

本章共 22 个品目,按照动物油脂→植物油脂→混合油脂,及加工程度(低→高)的规律进行排列。

第四类　食品;饮料、酒及醋;烟草及烟草代用品的制品(第十六章至第二十四章)

本类包括食品、饲料、醋、烟草及其制品和动物饲料。一般是以第一类、第二类的动植物产品为原料进行加工,加工程度超出第一类、第二类商品允许的范围。本类共 9 章,其分布情况如下:

食用制品	主要以动物产品为原料的食品	第十六章
	主要以植物产品为原料的食品	第十七章至第二十章
	杂项食品	第二十一章
	饮料、酒及醋	第二十二章
非食用制品	食品工业残渣及配制的动物饲料	第二十三章
	烟草及其制品	第二十四章

第十六章　肉、鱼、甲壳动物、软体动物及其他水生无脊椎动物的制品

本章包括以动物产品为主要原料的食品。该食品一般以第二章和第三章的动物产品为原料,采用比较深层次的加工制作而成,这里的加式方法主要是蒸、煮、煎烤、炸、炒、均化、混合、加调味料等。

本章 5 个品目。

第十七章　糖及糖食

本章包括糖、糖浆、人造蜜、焦糖、提取或精炼糖后所剩下的糖蜜以及糖食以及化学提纯的蔗糖、乳糖、麦芽糖、葡萄糖和果糖。本章有 4 个品目,排列顺

序为:固体糖→制糖后所剩的糖蜜→不含可可的糖食。

第十八章 可可及可可制品

本章包括可可豆(生的或焙炒的)、可可粉、可可膏、可可脂、可可油以及可可食品。

本章共6个品目。

第十九章 谷物、粮食粉、淀粉或乳的制品;糕饼点心

本章包括谷物、面粉、淀粉及乳品调制的食品。

本章共5个品目,排列顺序为:

麦精、谷物、淀粉、乳制的食品	1901
面食	1902
珍粉及淀粉的食品	1903
其他方法加工的谷物食品	1904
糕点、饼干等	1905

第二十章 蔬菜、水果、坚果或植物其他部分的制品

本章包括蔬菜、水果、坚果或植物其他部分制成的食品。其制作或保藏方法超过了第七章、第八章、第十一章所列的加工范围。

本章共有9个品目。

第二十一章 杂项食品

本章包括咖啡、茶及马黛茶的浓缩品及其制品;烘焙咖啡代用品;酵母和发酵粉;调味汁及其制品;调味品;汤料及其制品;均化混合食品;冰淇淋及其他冰制食品和其他税(品)目未列名的食品。如酱油就应归入本章。

本章共6个品目。

第二十二章 饮料、酒及醋

本章包括水、其他无酒精饮料及冰;经发酵的酒精饮料;经蒸馏的酒和酒精饮料、乙醇以及醋及其代用品。本章共9个品目,本章的商品种类比较简单,但是要注意未发酵未加酒精的各种葡萄汁,应归入第二十章品目2009。

第二十三章 食品工业的残渣及废料;配制的动物饲料

本章包括食品加工业所剩的残渣及废料,以及配制的动物饲料。这些产品大多数是植物质的,也有一些动物产品,本章共9个品目。要注意有的残渣是不能归入本章的,如谷物脱粒后所得的谷壳,应归入品目1213。

第二十四章 烟草、烟草制品及烟草代用品的制品

本章包括烟草、烟草制品及烟草代用品的制品。本章只有4个品目,本章不包括药用卷烟。

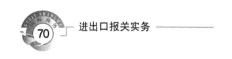

第五类　矿产品(第二十五章至第二十七章)

本类包括无机矿产品和有机矿产品,共 3 章。其分布情况如下:

{ 盐、硫磺、泥土及石料、石膏、石灰及水泥等　　第二十五章
　各种金属矿砂、矿渣等　　　　　　　　　　　第二十六章
　矿物燃料、矿物油及其蒸馏产品　　　　　　　第二十七章

第二十五章　盐;硫磺;泥土及石料;石膏料、石灰及水泥

本章一般包括天然状态的矿产品,允许下列加工方法:经洗涤(包括用化学品清除杂质而不改变矿物本身结构的)砸碎、磨碎、研粉、淘洗、细筛、粗筛以及用浮选、磁选或其他机械或物理方法(不包括结晶法)。本章共 30 个品目。归入本章的矿产品一般不得焙烧、煅烧。

第二十六章　矿砂、矿渣及矿灰

本章包括各种冶金工业的金属矿砂、矿渣及矿灰。这样的矿砂即使不用于冶金工业,同样要归入本章。本章不包括不是以冶金工业正常加工方法处理的矿产品。本章共 21 个品目,本章归类时比较简单,本章商品经冶炼后要归入第七十一章或第十五类。

第二十七章　矿物燃料、矿物油及其蒸馏产品;沥青物质;矿物蜡

本章包括煤及其他矿物燃料、石油和从沥青矿物提取的油及其蒸馏产品和类似品,还包括矿物蜡及天然沥青物质。本章共 16 个品目。注意:本章不包括单独的已有化学定义的有机化合物或处于商业纯状态的化工品。

第六类　化学工业及其相关工业的产品(第二十八章至第三十八章)

本类几乎包括所有的化工原料和化工制品,共有 11 章,从第二十八章至第三十八章。本类可分为两大部分;第一部分由第二十八章的无机化学品和第二十九章的有机化学品构成,是基本化工原料,是单独的已有化学定义的化学品(少数产品除外),用于合成或制造第二部分的化工制品。第二部分由第三十章至第三十八章构成,基本上为各种制成品,是不符合化学定义的混合物(少数除外)。

本类的注释在应用中要注意顺序为:类注一(一)→类注一(二)→类注二。而类注三主要是针对两种及以上单独成分组成的配套化工品的归类。

第二十八章　无机化学品;贵金属、稀土金属、放射性元素及其同位素的有机及无机化合物

本章包括绝大部分无机化学品及少数有机化学品。本章有 6 个分章,共有

51 个品目,其排列顺序为:

元素	2801～2805
非金属化合物	2806～2811
卤化物及硫化物	2812～2813
金属化合物	2814～2842
杂项产品	2843～2851

第二十九章　有机化学品

本章包括大部分已有化学定义的有机化工品,并按化工品分子结构从简单到复杂排列。本章共有 13 个分章,42 个品目。

第三十章　药品

本章包括具有治病或防病价值的药品及本身没有治病或防病价值但可单独供医疗、外科、牙科或兽医用的其他物质。

本章共 6 个品目,排列顺序为:

供医疗或预防疾病用的人体或动物制品、疫苗	3001～3002
药品	3003～3004
医药用品	3005～3006

第三十一章　肥料

本章包括绝大多数天然的或化学合成的肥料。

本章共 5 个品目。

第三十二章　鞣料浸膏及染料浸膏;鞣酸及其衍生物;染料、颜料及其他着色料;油漆及清漆;油灰及其他类似胶粘剂;墨水、油墨

本章包括用于鞣料及软化皮革的制剂;植物、动物或矿物着色料及有机合成着色料;以及用这些着色料制成的大部分制剂或制品。

本章共 15 个品目。

第三十三章　精油及香膏;芳香料制品及化妆盥洗品

本章包括天然的植物香料及合成混合香料等芳香物质,芳香物质的制品。

本章共 7 个品目。

第三十四章　肥皂、有机表面活性剂、洗涤剂、润滑剂、人造蜡、调制蜡、光洁剂、蜡烛及类似品、塑型用膏、"牙科用蜡"及牙科用熟石膏剂

本章包括通过工业处理油、脂或蜡而得的具有共同特点的各种产品。但不包括已有化学定义的单独化合物,也不包括未混合或未经处理的天然产品。

本章共 7 个品目。

第三十五章　蛋白类物质/改性淀粉;胶;酶

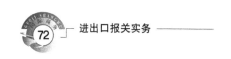

本章包括蛋白类及蛋白质衍生物、糊精及其他改性淀粉以及酶,还包括从这些物质中的某些物质或其他物质制得的胶水及酶制品。

本章共 7 个品目。

第三十六章　炸药;烟火制品;火柴;引火合金;易燃材料制品

本章包括发射药及配制炸药,引爆时所需的辅助产品;用爆炸、易燃和可燃材料制的产生光、声、烟、火焰或火花的制品。

本章共 6 个品目。

第三十七章　照相及电影用品

本章包括照相感光硬片、软片、纸、纸板及纺织品,不论是否已曝光或已冲洗,照相用的各种化学制剂及某些未混合产品。

本章共 7 个品目。

第三十八章　杂项化学产品

本章包括前面各章不包括的化工品及相关工业产品,除章注所列产品外,本章的产品均为不符合化学定义的混合物。

本章共 25 个品目。

第七类　塑料及其制品;橡胶及其制品(第三十九章至第四十章)

本类只包括两章,概括地讲,第三十九章和第四十章所包括的都是高分子量聚合物,但这两章并不包括所有的聚合物。

第三十九章　塑料及其制品

本章包括初级形状的高聚物;塑料的废料、下脚料及各种塑料材料及制品。注意不包括天然树脂。本章共 26 个品目,分布时,以加工程度由低到高的标准进行排列。

第四十章　橡胶及其制品

本章包括天然橡胶,与天然橡胶物理性质相似的合成橡胶、油膏及其制品。

本章共 17 个品目,排列情况如下:

天然橡胶、合成橡胶、再生橡胶	4001~4003
废碎料	4004
未硫化的初级形状	4005~4006
硫化的线、绳、板、片、带、杆及管等	4006~4009
硫化橡胶制品	4010~4016
硬质橡胶及制品	4017

第八类　生皮、皮革、毛皮及其制品;鞍具及挽具;旅行用品、手提包及类似

品;动物肠线(蚕胶丝除外)制品(第四十一章至第四十三章)

本类包括生皮、皮革、毛皮及其制品;鞍具及挽具;旅行用品、手提包及类似品;动物肠线(蚕胶丝除外)制品。本类商品共 3 章,从第四十一章至第四十三章。

第四十一章　生皮(毛皮除外)及皮革

本章包括生皮(毛皮除外)及皮单。本章共 15 个品目,其中 4108,4109,4110,4111 为空,因此实际只有 11 个品目。分布时按加工程度由低到高排列。

第四十二章　皮革制品;鞍具及挽具;旅行用品、手提包及类似容器;动物肠线(蚕胶丝除外)制品

本章主要包括皮革或再生皮革的制品;各种材料制的鞍具、挽具;旅行用品、手提包及类似容器;动物肠线。本章共 6 个品目。注意这里的制品可以是皮革制成,也可以是其他材料制成,如木制衣箱,应归入 4202,作为旅行用品归入本章。

第四十三章　毛皮、人造毛皮及其制品

本章包括生毛皮和已鞣的毛皮、人造毛皮及它们的制品。

本章共 4 个品目。

第九类　木及木制品;木炭;软木及软木制品;稻草、秸秆、针茅或其他编结材料制品;篮筐及柳条编结品(第四十四章至四十六章)

第四十四章　木及木制品;木炭

本章包括未加工的木、木的半制品及木制品;木炭。但不包括第十四章的竹的原料和第九十四章的家具。本章共 21 个品目,并按产品的加工程度由低到高排列。

第四十五章　软木及软木制品

本章包括软木及软木产品,共 4 个品目。

第四十六章　稻草、秸秆、针茅或其他编结材料制品;篮筐及柳条编结品

本章包括稻草、秸秆、针茅或其他编结材料制品、篮筐及柳条编结品,还包括瓜络制品,本章的所有产品均为编结材料的半制成品及制成品。但不包括编结材料制的帽类、鞋靴。

本章共 22 个品目。

第十类　木浆及其他纤维状纤维素浆;回收(废碎)纸或纸板;纸、纸板及其制品(第四十七章至第四十九章)

本类产品从第四十七章至第四十九章,按加工程度分布于各章,即纸浆(四十七章)→纸张及其制品(四十八章)→印刷品(四十九章)

第四十七章　木浆及其他纤维状纤维素浆;回收(废碎)纸或纸板

本章包括木浆及其他纤维素浆;纸及纸板的废碎品。

本章共有 7 个品目。

第四十八章　纸及纸板;纸浆、纸或纸板制品

本章包括用第四十七章的纸浆造的纸及纸板和用这些纸浆、纸和纸板制成的制品。本章共 23 个品目,并按照加工程度由低到高的顺序排列。

第四十九章　书籍、报纸、印刷图画及其他印刷品;手稿、打字稿及设计图纸

本章包括书籍、报纸、印刷图画及其他印刷品;手稿、打字稿及设计图纸。但不包括印有图案、文字的品目 4814 ~ 4821 的纸、纸板制品。本章共 11 个品目,其排列顺序为:书籍、报刊→儿童图画书→乐谱原稿或印本→各种地图等→手绘、手写的原稿等→邮票、各种票具、转印贴花纸、明信片、日历→其他印刷品。

第十一类　纺织原料及纺织制品(第五十章至第六十三章)

本类分为 14 章,从第五十章至第六十三章。本类分为两大部分:

第一部分(纤维、半制成品) 按纺织纤维的各类分章	蚕丝	第五十章
	动物毛	第五十一章
	棉花	第五十二章
	其他植物纤维	第五十三章
	化学纤维长丝	第五十四章
	化学纤维短纤	第五十五章
第二部分(半制成品、制品) 按纺织品的用途分章	毡呢、无纺布、特种纱线等	第五十六章
	地毯等	第五十七章
	特殊织法的机织物、刺绣品等	第五十八章
	特殊处理的织物、工业用纺织制品	第五十九章
	针织物、钩编织物	第六十章
	服装(针织或钩编)	第六十一章
	服装(非针织非钩编)	第六十二章
	其他制成品	第六十三章

第五十章　蚕丝

本章包括丝的原料、落绵或其他废丝、残丝、丝的普通纱线和普通机织物。

本章共 7 个品目,排列顺序如下:

丝(5001~5003)
纱线(5004~5006)
机织物(5007)

第五十一章　羊毛、动物细毛或粗毛;马毛纱线及其机织物

本章包括羊毛、动物细毛或粗毛的原料、普通纱线和机织物,以及作为羊毛、动物毛归类的混纺材料。

本章共有 13 个品目,排列顺序如下:

羊毛、动物细毛或粗毛及废料(5101~5105)
粗梳、精梳的羊毛、动物毛纱线(5106~5110)
羊毛、动物细毛或粗毛、马毛的机织物(5111~5113)

第五十二章　棉花

本章包括籽棉、废棉、已梳棉、普通棉纱线和机织物,以及作为棉归类的混纺材料。

本章共有 12 个品目,排列顺序如下:

未梳棉、废棉、已梳棉(5201~5203)
棉纱线(5204~5207)
机织物(5208~5212)

第五十三章　其他植物纺织纤维;纸纱线及其机织物

本章包括除棉以外的植物纺织材料的原料、普通纱线和机织物,以及纸纱线及其机织物,也包括纸纱线及其机织物,以及作为本章产品归类的混纺材料。本章共 11 个品目,排列顺序为:

各种植物纺织纤维(5301~5305)
各种植物纤维纱线及纸纱线(5306~5308)
机织物(5309~5311)

第五十四章　化学纤维长丝

本章包括化学纤维长丝、普通纱线和机织物,以及作为化纤长丝归类的混纺材料。

本章共 8 个品目,其排列顺序为:

化纤长丝纱线(5401~5403,5406)
化纤单丝和扁条(5404~5405)
机织物(5407~5408)

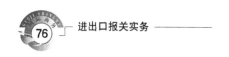

第五十五章　化学纤维短纤

本章包括短纤(即切段纤维)状或某些长丝丝束状的化学纤维及其普通纱线和机织物。

本章共有16个品目,其排列顺序为:

化学纤维长丝丝束、化学纤维短纤及化纤废料(5501～5507)
化学纤维短纤缝纫线及化学纤维短纤纱线(5508～5511)
机织物(5512～5516)

第五十六章　絮胎、毡呢及无纺织物;特种纱线;线、绳、索、缆及其制品

本章包括一些具有专门特性的非织造类纺织品,例如絮胎、毡呢及无纺织物;特种纱线;线、绳、索、缆及其制品。

本章共9个品目,分布情况如下:

非织造类纺织物(5601～5603)
特种纱线(5604～5606)
线、绳、索及其制品(5607～5609)

第五十七章　地毯及纺织材料的其他铺地制品

本章包括使用时以纺织材料为面的地毯及其他纺织材料铺地用品、具有上述铺地用品特征但做其他用途的物品。归入本章的物品可以是制成的,也可以是呈大段供剪裁铺设的,还可以经浸渍或用机织物、无纺织物、海绵橡胶或泡沫塑料衬背。

本章共5个品目,其分布如下:

结织栽绒地毯(5701)
机织地毯(5702)
簇绒地毯(5703)
毡呢地毯(5704)
其他地毯(5705)

第五十八章　特种机织物;簇绒织物;花边;装饰毯;装饰带;刺绣品

本章包括各种纺织材料制的特种机织物、簇绒织物、花边、壁毯、装饰带、刺绣品以及金属线制的用于衣着、装饰和类似用途的机织物和物品。

本章共11个品目,其分布如下:

起绒机织物、绳绒织物(5801～5802)

纱罗及网眼织物(5803～5804)

装饰毯(5805)

狭幅机织物(5806)

标签、徽章(非绣制)、成匹的编带等(5807～5808)

金属线、含金属纱线机织物(5809)

刺绣品(5810)

被褥状纺织品(5811)

第五十九章　浸渍、涂布、包覆或层压的纺织物;工业用纺织制品

本章包括用浆料、塑料或橡胶浸渍、涂布、包覆或层压的纺织物和工业或技术用纺织制品。

本章 11 个品目,其分布情况如下:

浸渍、涂布、包覆或层压的纺织物(5901～5907)

工业用纺织制品(5908～5911)

第六十章　针织物及钩编织物

本章包括使用第十一类所列任何纺织材料制成的针织物和钩编织物,明显用作衣着、家具布等类似用途的细金属线制的针织物与钩编物。

本章共 6 个品目,分布如下:

起绒织物(6001)

针织或钩编织物(6002～6006)

第六十一章　针织或钩编的服装及衣着附件

本章包括以纺织材料针织或钩编的男、女服装(含童装)和衣着附件,以及上述物品的针织或钩编的零件。

本章共 17 个品目,按先外衣后内衣,同类服装先男装后女装排列,分布如下:

针织外衣(男式、女式)(6101～6104,6110)

针织内衣(男式、女式)(6105～6108,6109)

婴儿服装及衣着附件(6111)

运动服、特种织物制的服装、其他针织服装(6112～6114)

各种袜子、手套及衣着附件(6115～6117)

第六十二章　非针织或非钩编的服装及衣着附件

本章包括用第五十章至第五十六章、第五十八章及第五十九章的纺织物(含毡呢及无纺织物,絮胎除外)制成的各式服装、衣着附件及其零件。

本章共 17 个品目,分布如下:

非针织外衣(男式、女式)(6201~6204)

非针织内衣(男式、女式)(6205~6208)

婴儿服装及衣着附件(6209)

特种织物制的服装、运动服、其他针织服装(6210~6211)

胸罩、束腰带、紧身胸衣等(6212)

手帕、披巾、围巾、领带及领结(6213~6215)

各种手套及衣着附件(6216~6217)

第六十三章　其他纺织制成品;成套物品;旧衣着及旧纺织品;碎织物

本章有 3 个分章 10 个品目:

第一分章(6301~6307)包括其他纺织制成品,可用任何纺织物制成;

第二分章(6308)包括贴机织物及纱线组成的零售包装成套货品;

第三分章(6309~6310)包括旧衣服、旧纺织物及废碎纺织品。

第十二类　鞋、帽、伞、杖、鞭及其零件;已加工的羽毛及其制品;人造花;人发制品(第六十四章至第六十七章)

本类有 4 章,包括鞋、帽、伞、杖、鞭及其零件;已加工的羽毛及其制品;人造花;人发制品。

第六十四章　鞋靴、护腿和类似品及其零件

本章包括除石棉外任何材料的各种类型的鞋靴(包括套套鞋)、护腿和类似品及其零件。

本章共 6 个品目,分布如下:

外底及鞋面皆为橡胶或塑料的鞋靴 { 防水鞋(6401) 其他鞋(6402)

外底用橡胶、塑料、皮革或再生革的鞋靴 { 鞋面用皮革(6403) 鞋面用纺织材料(6404)

其他鞋靴(6405)

鞋靴零件(6406)

第六十五章　帽类及其零件

本章包括各种帽子,无论材料用途如何;发网和帽类专用配件。

本章共 7 个品目。要注意的是本章的帽类不包括旧帽类、玩偶帽等。

第六十六章　雨伞、阳伞、手杖、鞭子、马鞭及其零件

本章包括各种材料制的雨伞、阳伞、手杖、鞭子、马鞭及其类似品,以及上述

物品的零件及装饰物。

本章共 3 个品目,但不包括玩具伞。

第六十七章　已加工羽毛、羽绒及其制品;人造花;人发制品

本章包括已加工的羽毛、羽绒及其制品;人造花和人发制品。

本章共 4 个品目,但不包括羽毛掸帚。

第十三类　石料、石膏、水泥、石棉、云母及类似材料的制品;陶瓷产品;玻璃及其制品

本类由 3 章组成(第六十八章至第七十章)。第六十八章的制品是只经进一步加工而不需烧制的矿物制品,第六十九章的制品是成形后经过烧制的产品,第七十章的制品是已经完全烧制成熔融状态,然后再制成的半制成品和制成品。

第六十八章　石料、石膏、水泥、石棉、云母及类似材料的制品

本章包括石料、石膏、水泥、石棉、云母及类似材料的制品。

本章共 15 个品目,其分布情况如下:

$\begin{cases} 石料制品(6801~6804) \\ 砂纸、砂布(6805) \\ 矿渣棉、沥青、水泥、石膏等的制品(6806~6810) \\ 石棉制品(6811~6813) \\ 云母制品、其他矿物制品(6814~6815) \end{cases}$

第六十九章　陶瓷产品

本章包括成形后经过烧制的陶瓷产品。本章有两个分章,共 14 个品目,第一分章包括品目 6901~6903,第二分章包括品目 6904~6914。但本章不包括金属陶瓷。

第七十章　玻璃及其制品

本章包括各种形状的玻璃及玻璃制品。本章共 20 个品目,其排列顺序是按玻璃的加工程度顺序进行的。

第十四类　天然或养殖珍珠、宝石或半宝石、贵金属、包贵金属及其制品;仿首饰、硬币(第七十一章)

本类只有 1 章,即第七十一章,分为 3 个分章,共 18 个品目:

第一分章,天然或养殖珍珠、宝石或半宝石(7101~7105);

第二分章,贵金属及包贵金属(7106~7112);

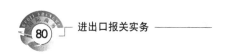

第三分章,珠宝首饰、金、银器及其他制品(7113～7118)。

第十五类　贱金属及其制品(第七十二章至第八十三章)

本类包括贱金属及贱金属的大部分制品。本类共包括 12 章,其中第七十七章为空章,保留作为将来用。

第七十二章　钢铁

本章包括钢铁冶炼的金属原料,钢铁的初级产品以及成品钢材,不包括各种管材。

本章共有 4 个分章,共 29 个品目,按原料的属性及加工程度由低到高排列,分布如下:

第一分章:原料;粒状及粉状产品(7201～7205)

第二分章:铁及非合金钢(7206～7217)

第三分章:不锈钢(7218～7223);

第四分章:其他合金钢;合金钢或非合金钢制的空心钻钢(7224～7229)

第七十三章　钢铁制品

本章仅包括钢铁制品,由第七十二章的制品进一步加工后制成。

本章共 26 个品目。

第七十四章　铜及其制品

本章包括冶炼铜的初级产品、铜、铜母合金、铜粉、铜材及结构简单的铜制品。

本章共 19 个品目,按加工程度由低到高排列。

第七十五章　镍及其制品

本章包括镍冶炼的初级产品、镍、镍合金、镍材以及镍制品。

本章共 8 个品目,按加工程度由低到高排列。

第七十六章　铝及其制品

本章包括铝、铝合金、铝材及其制品。

本章共 16 个品目,按加工程度由低到高排列。

第七十七章　(空章)

第七十八章　铅及其制品

本章包括铅、铅合金、铅材及其制品。

本章共 6 个品目,按加工程度由低到高排列。

第七十九章　锌及其制品

本章包括锌、锌合金、锌材及其制品。

本章共 7 个品目,按加工程度由低到高排列。

第八十章　锡及其制品

本章包括锡、锡合金、锡材及其制品。

本章共 7 个品目,按加工程度由低到高排列。

第八十一章　其他贱金属、金属陶瓷及其制品

本章包括 21 种贱金属及它们的合金及其制品。

本章共 13 个品目。

第八十二章　贱金属工具、器具、利口器、餐匙、餐叉及其零件

本章包括具有工具、器具、刀具、餐具等性质的某些贱金属制品。

本章共 15 个品目,按商品的功能、用途等属性排列。

第八十三章　贱金属杂项制品

本章的商品属于贱金属的杂项制品。

本章共 11 个品目,按商品的功能、用途等属性排列。

第十六类　机器、机械器具、电器设备及其零件;录音机及放声机,电视图像、声音的录制和重放设备及其零件、附件(第八十四章至第八十五章)

本类分为两章,第八十四章和第八十五章,包括各种机器、机器器具、各种电气设备、通信设备、声像设备等。

第八十四章　核反应堆、锅炉、机器、机器器具及其零件

本章是商品编码表中品目最多的一章,共 85 个品目,包括按功能分类的通用机器和按用途分类的行业机器。

第八十五章　电机、电气设备及其零件;录音机及放声机,电视图像、声音的录制和重放设备及其零件、附件

本章包括产生、利用和传输电能的设备、器具及其零件。

本章共 48 个品目。

第十七类　车辆、航空器、船舶及有关运输设备(第八十六章至第八十九章)

本类商品包括陆路、水路、航空 3 种类型的运输设备,共包括 4 章,按陆路→航空→水路的顺序排列。

第八十六章　铁道及电车道机车、车辆及其零件;铁道及电车轨道固定装置及其零件、附件;各种机械(包括电动机械)交通信号设备

本章包括铁道及电车道用的各种机动车辆,铁道及电车道的维修或服务车辆,各种铁道及电车道牵引车辆以及上述车辆的零件及相关的信号设施与

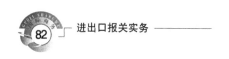

设备。

本章共 9 个品目,其分布如下:

机动车辆(配有动力装置)(8601~8603)

维修、服务用车和非机动车辆(8604~8606)

车辆的零件、轨道固定装置及附件、机械信号等设备(8607~8608)

集装箱(8609)

第八十七章　车辆及其零件、附件,但铁道及电车道车辆除外

本章包括除铁道及电车道以外的所有陆路行驶车辆和水陆两用的机动车辆。

本章共 16 个品目。

第八十八章　航空器、航天器及其零件

本章包括航空器、航天器及其零件和相关装置及其零件。

本章共 5 个品目。

第八十九章　船舶及浮动结构体

本章包括船、艇及其他各种船舶、浮动结构体、用各种材料制成的船体。本章共 8 个品目。

第十八类　光学、照相、电影、计量、检验、医疗或外科用仪器及设备、精密仪器及设备;钟表;乐器;上述物品的零件、附件(第九十章至第九十二章)

本类商品包括光学元件、光学仪器、医疗器械、计量、检验等用的精密仪器和钟表、乐器三大商品以及它们的零件、附件。本类商品共 3 章,从第九十章至第九十二章。

第九十章　光学、照相、电影、计量、检验、医疗或外科用仪器及设备;精密仪器及设备;上述物品的零件、附件

本章包括各种供科学研究、各种专业技术或工业方面及医疗方面使用的仪器及设备。

本章共 33 个品目,其分布如下:

光学元件(9001~9002)

简单光学器具(9003~9004)

较复杂光学仪器(9005~9013)

测量、计量、测绘、计算仪器及器具(9014~9017,9028~9029)

医疗仪器及设备(9018~9022)

各种测试、分析及自动调节和控制用的仪器及设备(9023~9027,9030~9033)

第九十一章　钟表及其零件

本章包括主要用于计时或进行与时间有关的某些操作的器具及计时钟表、器具的专用零件。

本章共 14 个品目,其分布如下:

$$\begin{cases} \text{钟表完整品}(9101 \sim 9107) \\ \text{钟表不完整品}(9108 \sim 9110) \\ \text{零件部分}(9111 \sim 9114) \end{cases}$$

第九十二章　乐器及其零件、附件

本章包括乐器及乐器零件。

本章共 9 个品目,其分布如下:

$$\left.\begin{cases} \text{管弦乐器}(9201 \sim 9205) \\ \text{打击乐器}(9206) \\ \text{电子乐器}(9207) \\ \text{未列名乐器}(9208) \\ \text{零附件}(9209) \end{cases}\right\} \text{乐器}$$

第十九类　武器、弹药及其零件、附件

本类仅有 1 章,即第九十三章

第九十三章　武器、弹药及其零件、附件

本章包括所有供军事武装部队、警察或其他有组织的机构在陆、海、空战斗中使用的各种武器;也包括个人自卫、狩猎及打靶用武器,靠爆炸药进行发射的其他装置,炸弹、导弹、子弹、剑、刺刀、长矛和类似武器及其零件。但本章不包括雷管、信号弹等。本章共 7 个品目。

第二十类　杂项制品(第九十四章至第九十六章)

本类商品中的杂项制品是前面各类、章、品面未包括的商品。按商品的属性划分为 3 章,即从第九十四章至第九十六章。

第九十四章　家具;寝具、褥垫、弹簧床垫、软座垫及类似的填充制品;未列名灯具及照明装置;发光标志、发光铭牌及类似品;活动房屋

本章包括各种家具及其零件;弹簧床垫、床褥及其他寝具或类似用品;用各种材料制的未列名灯具和照明装置、装有固定光源的发光标志、发光铭牌和类似品以及以上商品未列名零件;活动房屋。

本章共 6 个品目。

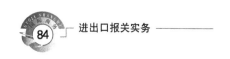

第九十五章　玩具、游戏品、运动用品及其零件、附件

本章包括各种玩具;户内及户外游戏用设备,运动、体操竞技用具及器械,某些钓鱼、狩猎或射击用具,旋转木马和其他游乐场用的娱乐设备。

本章共 8 个品目。

第九十六章　杂项制品

本章包括雕刻和模塑材料及其制品,某些扫把、刷子和筛,某些缝纫用品,某些书写及办公用品,某些烟具,某些化妆用具及本目录其他品目未具体列名的物品。本章共 18 个品目。

第二十一类　艺术品、收藏品及古物(第九十七章)

本类商品只有 1 章,即第九十七章。

第九十七章　艺术品、收藏品及古物

本章包括某种艺术品;邮票、印花税票及类似票证、邮戳印记、信封、邮政信笺;具有动植物学、矿物学、解剖学、考古学、钱币学等的收集品及珍藏品;超过 100 年的古物。

本章共 6 个品目,分布如下:

$$\left\{\begin{array}{l}\text{艺术品(9701~9703)}\\\text{票证等(9704)}\\\text{动植物等的标本、收集珍藏品(9705)}\\\text{超过 100 年的古物(9706)}\end{array}\right.$$

第二十二类　(统计目录)特殊交易品及未分类商品

本类由第九十八章和第九十九章组成,是专为统计需要而设的。

自　测　题

一、思考题

1. 什么是《协调制度》?《协调制度》的基本结构以及特点是什么?

2. 商品编码各数级代表的意义是什么?

3. 我国进出口商品归类的主要依据是什么?

4.《协调制度》归类的总规则是什么?

二、实训题

对下列商品进行归类:

1.由牛奶剔除奶油剩下的物质经自然发酸,再脱水、干燥、磨碎后制成的粗酪蛋白(用于加工业)

2.用玉米粒经机械粉碎成4~8 mm状颗粒,用于培植蘑菇的代替物,包装成袋出口,通常又叫玉米芯粉

3.将红小豆去皮、加糖、蒸、煮、装袋,装箱制成的糖渍红小豆(红小豆成分占31.6%、白砂糖占4%、水分占20.4、色素和软化剂等添加剂占8%)

4.该货品为聚乙烯(PE)及炭黑组成的黑色EVA塑胶粒(其中含炭黑为34%,含无糖炭黑着色料)

5.煅烧氧化铝(其氧化铝含量为99.46%,样品分析后粗颗粒可划动水晶,硬度大于7为人造刚玉)

6.该货品为内外两层纸袋,外袋通常为土黄色,内袋通常为黑色,常将百菌清农药加入防水玉中浸泡纸袋,烘干,经机械加工制成的苹果套袋

7.每箱25 kg,供家禽饲料用的维生素卵磷脂(主要含单聚和多聚膦酸酯钠及钙成分)

8.细度为77.8分特,白色,具有较好弹性的聚氨酯硫化橡胶线

9.筒装涤纶丝(又称筒脚纱),报关单常称"废丝",其各筒颜色不一,粗细不均,截面直径为0.5~1 mm,外观整齐,进口后经切割粉碎后,回炉再造丝

10.涤纶布婚纱

11.由尼龙、化纤、塑料、铝箔等层压而成的复合材料制成的汽车遮阳板(其主要材料为尼龙)

12.已裁成一定形状的用于车轮钢圈的平板轧材(经化学鉴定为垫轧非合金钢板),又叫垫轧钢板

13.外观如手机状,车身带USB接口线,只能接入电脑USB接口使用,替代耳机和麦克风作用的USB接口电话机

14.用于电子行业车间的充电型清扫机

15.以数字式单片集成电路构成的奔腾四处理器

16.由铝散热器芯和塑料壳体两部分组成,利用汽车水箱的余热加热并通过铝散热器芯散出热空气的汽车空调式暖风机

17.该产品由3种材料组成,共计五层,在铝箔、纸板外涂有聚乙烯,已印有图案,制成盒状,但未封底,用于饮料及乳制品的纸包装盒

18.该产品用单根玻璃纤维涂料PVC编制而成的PVC膜遮阳布(PVC占63%,玻璃纤维占37%,单丝细度小于1 mm)

19.紫外线探伤灯

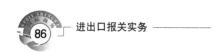

20. 进口的年代不同,但不超过一百年的世界各国已退出流通的纸币,其中有少量品种为代金券性质,非执纸币的钞票

21. 印有图案的纸制标签

22. 用尼龙 66 长丝浸渍橡胶制得的高强力纱

23. 羊毛毡呢帽

24. 摩托车头盔

25. 镀金铜制戒指

26. 电镀金用的金阳极片

27. 零售包装的成套工具

28. 花园切草机用刀片

29. 谷物调湿机

30. 光纤拉丝机

31. 可编程序控制器

32. 铝箔精轧机

33. 耳机插座

34. 玻璃刻花机

35. 木制餐桌椅

36. 溜冰鞋

37. 冲印胶片的暗室用灯

38. 19 世纪制造的钢琴

39. 美国发行的邮票(未经使用)

40. 玩具乐器

41. 石英手表(表壳镀金、仅指针显示)

42. 电子显微镜的真空泵

43. "桑塔纳"牌轿车,排气量 1.8 L

44. 混凝土搅拌车底盘(装有柴油发动机和驾驶室,无混凝土搅拌系统,设计总重量为 15 t,用于制造混凝土)

45. 运钞车(汽油型,车辆总重为 3.5 t)

46. 内存条(微型机用)

47. 汽车用分电器

48. 手机用锂离子电池芯(未带有充放电保护电路和塑料外壳)

49. 弹簧卷绕机

50. 分布重复光刻机(用于将电路图绘制到感光的半导体材料上)

第4章
进出口税费的计算与缴纳

【本章导读】

　　本章主要介绍进出口税费的计算和税费的缴纳,内容主要涉及进出口环节有关税费的概念、种类、征收范围、征收标准、计算方法及缴纳期限、方式;进出口货物完税价格的审定原则、估价方法及汇率适用的规定;进出口货物原产地确定原则、方法及税率适用的规定;进出口环节减免税的种类、适用范围;进出口税费退补范围及退补手续的办理程序、要求等内容。通过本章的学习,掌握各种税费的计算方法。

4.1　进出口税费概述

进出口税费是在进出口过程中由海关依法征收的关税、消费税、增值税、船舶吨税等税费。征税是海关的四大重要任务之一。缴税是有关纳税义务人的基本义务,也是报关员必备的报关技能。

进出口税费征纳的法律依据主要是《海关法》、《关税条例》以及其他有关法律、行政法规。

4.1.1　关税

关税是国家税收的重要组成部分,是由海关代表国家,按照国家制定的关税政策和公布实施的税法及进出口税则,对进出关境的货物和物品向纳税义务人征收的一种流转税。关税的征税主体是国家,由海关代表国家向纳税义务人针对进出关境的货物和物品征收。

1) 进口关税

(1) 含义

进口关税是指一国海关以进境货物和物品为课税对象所征收的关税。通常它被认为是一种保护本国经济的手段。

(2) 进口关税的种类

我国进口关税可分为从价税、从量税、复合税、滑准税。

①从价税。从价税以货物的价格作为计税的依据,以应征税货物价格的百分比为税率,价格和税额成正比例关系。计算公式为:

从价税应征税额 = 货物的完税价格 × 从价税税率

例题

进口某货物一批,完税价格为180万美元,该货关税是以价格的5%征收进口关税,计算应缴纳多少进口关税?(1美元 = 8.02元人民币)

解:因该货物进口时以从价税计量关税,所以

进口关税 = 从价税应征税额 = 货物的完税价格 × 从价税税率

= 180万美元 × 5% × 8.02

= 72.18万元人民币

②从量税。从量税以货物的计量单位作为计税的依据。目前我国对原油、啤酒、胶卷、冻鸡征收从量关税。从量税的计算公式为：

从量税应征税额 = 货物数量 × 单位税额

例题

从某国进口一批 10 000 t 的原油,查询知,从该国进口的原油实行优惠税率,其税率为每吨 16 元,计算应缴纳多少关税?

解:因该货物进口时以数量为计量关税的标准,所以

进口关税 = 从量税应征税额 = 货物数量 × 单位税额

　　　　　　　　　　　　　= 10 000 t × 16 元/t

　　　　　　　　　　　　　= 160 000 元

③复合税。复合税是对进口的商品同时使用从价、从量两种标准计税,计税时按两种标准合并计征的一种关税。目前我国对录像机、放像机等 4 类进口商品征收复合税。复合税的计算公式为:

复合税应征税额 = 货物的完税价格 × 从价税税率 + 货物数量 × 单位税额

例题

现进口一批某国生产的放像机,完税价格为 10 万美元,共 20 台,已知从该国进口的放像机是采用复合税,且完税价格低于或等于 3 000 美元/台,执行单一从价税,税率为 60%;完税价格高于 3 000 美元/台,每台征收从量税,税额为 14 300 元人民币,再加上 3% 的从价税,计算进口关税。(1 美元 = 8.02 元人民币)

解:已知该放像机采用复合税,因此应缴纳关税为:

复合税应征税额 = 货物的完税价格 × 从价税税率 + 货物数量 ×

　　　　　　　　单位税额

　　　　　　　= 10 万美元 × 3% × 8.02 + 20 × 14 300 元

　　　　　　　= 310 060 元

④滑准税。滑准税是一种关税税率随进口商品价格由高到低而由低至高设置计征关税的方法,可以使进口商品价格越高,其进口关税税率越低,进口商品的价格越低,其进口关税税率越高。其主要特点是可保持滑准税商品的国内市场价格的相对稳定,尽可能减少国际市场价格波动的影响。

目前我国对进口新闻纸征收滑准税,2006 年继续对关税配额外进口的一定

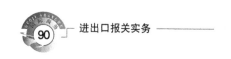
数量的棉花实行滑准税,税率滑动范围仍为 5% ~40% 。当进口棉花的完税价格高于或者等于 10 746 元/t 时,进口暂定税率为 5% ;当进口棉花的完税价格低于 10 746 元/t 时,按以下公式进行计算:

$$T_i = \text{INT}\{[(P_t/(P_i \times E) - 1] \times 1\,000 + 0.5\} \div 1\,000 \qquad (T_i \leqslant 40\%)$$
$$关税 = T_i \times P_i \times E$$

式中　T_i——暂定关税税率,当 T_i 按公式计算的值高于 40% 时,取值 40% ;

　　　E——美元汇率;

　　　P_i——完税价格(美元/t);

　　　P_t——常数,为 11 283 ;

　　　INT——取整函数(即小数点后面的数一律舍去)。

> 进口关税除了正常情况下的征税以外,有时还存在进口附加税。进口附加税是在特殊情况下进口货物除征收关税之外另行征收的一种进口税费,一般都是临时的。进口附加税主要包括反倾销税、反补贴税、保障性关税和报复性关税。

2)出口关税

出口关税是针对出境货物和物品征收的关税。各国为了增加自己国家的出口额,鼓励出口,因此,一般不征收出口关税或仅对少数商品征收。

从价税的应征出口关税税额 = 出口货物完税价格 × 出口关税税率

出口货物的完税价格 = FOB ÷ (1 + 出口关税税率)

从量税的应征出口关税税额 = 货物数量 × 单位税额

4.1.2　进口环节税

进口环节税是在货物和物品进口后,进入国内流通,而对其征收的流转税。目前,由海关征收的国内税费主要有增值税、消费税两种。

1)增值税

增值税是对纳税人生产经营活动的增值额征收的一种间接税。增值税是对纳税人生产经营活动的增值额征收的一种间接税。

进口环节的增值税由海关征收,其他环节的增值税由税务机关征收。增值税率有两种:

①粮食、食用植物油、自来水、暖气、冷气、热水、煤气、石油液化气、沼气、居民用煤炭制品、图书、报纸、杂志、饲料、化肥、农药、农机、农膜和国务院规定的其他货物的税率为13%;

②其余货物的税率均为17%。

进口环节增值税的起征额为人民币50元,低于50元的免征。

进口环节的增值税以组成价格作为计税价格,征税时不得抵扣任何税额。现行增值税的组成价格和应纳税额计算公式为:

$$组成价格 = 关税完税价格 + 关税税额 + 消费税税额$$

$$应纳增值税税额 = 组成价格 \times 增值税税率$$

2) 消费税

消费税是对在我国境内从事生产、委托加工和进口应税消费品的单位和个人,就其销售额或销售数量征收的一种税。

消费税并非对所有的货物实行普遍征收,而是仅仅对一些特定的消费品征收,即只对税法规定的少数消费品,如烟、酒、化妆品、护肤护发品、贵重首饰、鞭炮焰火、汽油、柴油、汽车轮胎、摩托车、小汽车等11类商品征收。消费税采用的是一次课征制,消费税采用了从价定率、从量定额、从价定率和从量定额复合征收的多种计税方法。消费税由税务机关征收,进口环节的消费税由海关征收。进口环节消费税除国务院另有规定者外,一律不得给予减税、免税。进口环节消费税的起征额为人民币50元,低于50元的免征。

消费税的计算公式如下:

从价征收的消费税按照组成的计税价格计算,其计算公式为:

$$应纳税额 = 组成计税价格 \times 消费税税率$$

$$组成计税价格 = (关税完税价格 + 关税税额) \div (1 - 消费税税率)$$

从量征收的消费税的计算公式为:

$$应纳税额 = 应征消费税消费品数量 \times 单位税额$$

同时实行从量、从价征收的消费税的计算公式为:

$$应纳税额 = 应征消费税消费品数量 \times 单位税额 + 组成计税价格 \times 消费税税率$$

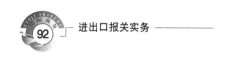

4.1.3 船舶吨税

船舶吨税是一国船舶使用了另一国家的助航设施而向该国缴纳的一种税费,主要用于维护航道设施。

根据《船舶吨税暂行办法》的规定,凡在我国港口行驶的外国籍船舶和外商租用的中国籍船舶,以及中外合营企业使用的中外国籍船舶(包括专在港内行驶的上项船舶)均要征收船舶吨税。

船舶吨税分为优惠税率和普通税率两种。

吨税的计算公式如下:

$$吨税 = 净吨位 × 吨税税率(元/净吨)$$

目前船舶吨位按照船舱的结构是封闭式或开放式来分别计算,有大、小吨位之分,封闭式为大吨位,开放式为小吨位。装货多用大吨位,装货少时用小吨位。我国现行规定,凡同时持有大小吨位两种吨位证书的船舶,不论实际装货情况,一律按大吨位计征吨位。

船舶吨税按净吨位计征。净吨位计算公式如下:

$$净吨位 = 净吨位船舶的有效容积 × 吨/立方米$$

船舶净吨位的尾数,按四舍五入原则,半吨以下的免征尾数,半吨以上的按1吨计算;不及1吨的小型船舶,除经海关总署特准免征者外,应一律按1吨计征。

船舶吨税起征日为"船舶直接抵港之日"。船舶吨税的征收方法分为90天期缴纳和30天期缴纳两种,并分别确定税额,缴纳期限由纳税义务人在申请完税时自行选择。

4.1.4 滞纳金与滞报金

1) 滞纳金

滞纳金是海关税收管理中的一种行政强制措施。在海关监督管理中,滞纳金指应纳关税的单位或个人因在规定期限内未向海关缴纳税款而依法应缴纳的款项。对于逾期缴纳相关税款的,海关依法在原应纳税款的基础上,按日加收滞纳税款0.5‰的滞纳金。

征收滞纳金,其目的在于使纳税义务人承担增加的经济制裁责任,促使其尽早履行纳税义务。

海关对滞纳天数的计算是自滞纳税款之日起至进出口货物的纳税义务人缴纳税费之日止,其中的法定节假日,应当顺延至休息日或法定节假日之后的第一个工作日。国务院临时调整休息日与工作日的,则按照调整后的情况计算缴款期限。

滞纳金的起征额为人民币50元,不足人民币50元的免予征收。

其计算公式为:

$$滞纳金金额 = 滞纳税额 \times 0.5‰ \times 滞纳天数$$

2) 滞报金

滞报金是海关对未在法定申报期限内向海关申报进口货物的收货人采取的依法加收的属经济制裁性的款项。

滞报金按日计征,其起征日为规定的申报时限的次日,截止日为收货人向海关申报后,海关接受申报的日期。除另有规定外,起征日和截止日均计入滞报期间。

滞报金的日征收金额为进口货物完税价格的0.5‰,以人民币"元"为计征单位,不足人民币1元的部分免予计征。滞报金的起征点为人民币50元。

征收滞报金的计算公式为:

$$应征滞报金金额 = 进口货物完税价格 \times 0.5‰ \times 滞报天数$$

4.2 进口货物原产地的确定与税率适用

4.2.1 进口货物原产地的确定

各国为了贯彻实行本国的对外贸易政策,对于进口到本国的商品都要寻其源头,以实行不同的关税税率,进行区别对待。对此,即有了原产地规则。

1) 原产地规则的含义

WTO《原产地规则协议》将原产地规则定义为:一国(地区)为确定货物的原产地而实施的普遍适用的法律、法规和行政决定。

2) 原产地规则的类别

从适用目的的角度划分,原产地规则分为优惠原产地规则和非优惠原产地

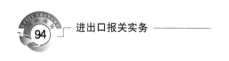

规则。

（1）优惠原产地规则

优惠原产地规则又被称为"协定原产地规则"，是一国为了兑现本国与别国签订的相关协议中的承诺，而实施国别优惠政策而制定的原产地规则，优惠范围以原产地为受惠国的进口产品且以协定中的商品为限。

（2）非优惠原产地规则

非优惠原产地规则又被称为"自主原产地规则"，是指一国根据实施其海关税则和其他贸易措施的需要，由本国立法自主制定的原产地规则。

我国正式加入 WTO 后，为了实现加入 WTO 时所进行的谈判及签订的协定的诺言，至今已经签订了多个双边或多边的优惠贸易协定，这些协定的签订均是为了进一步改善所处的贸易环境，推进市场多元化进程，开创新的格局，为我国的经济发展起到至关重要的作用。

3）原产地认定标准

我国的进口货物的原产地由海关予以确定，不管是属于优惠原产地规则，还是属于非优惠原产地规则，确定进口货物的原产国别（地区）的主要标准有：

（1）整件生产标准

对于完全在一个国家（地区）内生产或制造的进口货物，生产或制造国（地区）即为该货物的原产国（地区）。而"完全在一个国家（地区）内生产或制造"是指：

从该国（地区）领土或领海内开采的矿产品；

从该国（地区）领土上收获或采集的植物产品；

该国（地区）领土上出生或由该国饲养的活动物及从其所得产品；

从该国（地区）或领海狩猎或捕捞所得产品；

从该国（地区）的船只上卸下的海洋捕捞物，以及由该国船只从公海上取得的其他产品；

从该国（地区）加工船加工的上一项所列物品的所得产品；

从该国（地区）收集的只适用于做加工制造的废碎料和废旧物品；

从该国（地区）完全使用上述 7 项所列产品加工成的制成品。

（2）实质性改变标准

对于经过了几个国家或地区加工、制造生产的进口货物，以最后一个对货物进行经济上可视为实质性加工的国家或地区作为有关货物的原产国。而实质性改变是产品经加工后,在税则中的4位数一级的税则归类已经改变;或者其增值部分所占新产品总值比例已在30%或30%以上。

(3)机器、车辆的零部件原产地标准

对于机器、仪器、器材或车辆所用的零件、部件、配件、备用及工具,如与主件同时进口而且数量适当,其原产地按主件的原产地予以确认;如果是分别进口的,则分别按各生产国确定。对于石油产品则以其生产国为原产国。

对于签订有相关协定的,则按协定的相关标准确定。

4.2.2　税率适用

1)税率适用原则

海关进口税则分设最惠国税率、协定税率、特惠税率、普通税率、关税配额税率等税率。对进口货物在一定期限内可以实行暂定税率。2006年进口税则的税目总数共计7 605个。对出口货物在一定期限内可以实行暂定税率。根据《中华人民共和国进出口关税条例》的规定,税率适用的原则如下:

①原产于共同适用最惠国待遇条款的世界贸易组织成员的进口货物,原产于与中华人民共和国签订含有相互给予最惠国待遇条款的双边贸易协定的国家或者地区的进口货物,以及原产于中华人民共和国境内的进口货物,适用最惠国税率。

原产于与中华人民共和国签订含有关税优惠条款的区域性贸易协定的国家或者地区的进口货物,适用协定税率。

原产于与中华人民共和国签订含有特殊关税优惠条款的贸易协定的国家或者地区的进口货物,适用特惠税率。

上述之外的国家或者地区的进口货物,以及原产地不明的进口货物,适用普通税率。

②适用最惠国税率的进口货物有暂定税率的,应当适用暂定税率;适用协定税率、特惠税率的进口货物的暂定税率的,应当从低适用税率;适用普通税率的进口货物,不适用暂定税率。

适用出口税率的出口货物有暂定税率的,应当适用暂定税率。

③按照有关法律、行政法规的规定,对进口货物采取反倾销、反补贴、保障措施的,其税率的适用按照《中华人民共和国反倾销条例》、《中华人民共和国反补贴条例》和《中华人民共和国保障措施条例》的有关规定执行。

④如果国家或者地区违反与中华人民共和国签订或者共同参加的贸易协定及相关协定,对中华人民共和国在贸易方面采取禁止、限制、加征关税或者其他影响正常贸易的措施的,对原产于该国家或者地区的进口货物可以征收报复性关税,适用报复性关税税率。

征收报复性关税的货物、适用国别、税率、期限和征收办法,由国务院关税税则委员会决定并公布。

2) 税率适用时间

根据《关税条例》规定,进出口货物应当适用海关接受该货物申报进口或者出口之日实施的税率。特殊情况应按以下原则进行确定税率适用的时间:

①进口货物到达前,经海关核准先行申报的,应当适用装载货物的运输工具申报进境之日实施的税率。

②进口转关运输货物,应当适用指运地海关接受该货物申报进口之日实施的税率;货物运抵指运地前,经海关核准先行申报的,应当适用装载货物的运输工具抵达指运地之日实施的税率;出口转关运输货物,应当适用启运地海关接受该货物申报出口之日实施的税率。

③经海关批准,实行集中申报的进出口货物,应当适用每次货物进出口时海关接受该货物申报之日实施的税率。

④因超过规定期限未申报而由海关依法变卖的进口货物,其税款计征应当适用装载货物的运输工具申报进境之日实施的税率。因纳税义务人违反规定需要追征税款的进出口货物,应当适用违反规定的行为发生之日实施的税率;行为发生之日不能确定的,适用海关发现该行为之日实施的税率。

⑤对于保税货物经批准不复运出境的;减免税货物经批准转让或者移做他用的;暂准进境货物经批准不复运出境,以及暂准出境货物经批准不复运进境的;租赁进口货物,分期缴纳税款的;已申报进境并放行需缴纳税款的,应当适用海关接受纳税义务人再次填写报关单申报办理纳税及有关手续之日实施的税率。

进出口货物关税的补征和退还,按照上述规定确定适用的税率。

4.3 进出口税费的计算

海关征收的关税、进口环节税、滞纳金、滞报金等一律以人民币计征,采用四舍五入法计算到分;完税价格、税额采用四舍五入法计算至分,分以下四舍五入。税款的起征点为人民币 50 元。

4.3.1　进出口货物完税价格的确定

1)进口货物完税价格的审定

进口货物的完税价格由海关以符合条件的成交价格以及该货物运抵中华人民共和国境内输入地点起卸前的运输及其相关费用、保险费为基础审查确定。而所确定的完税价格是征收相关税费的基础。

海关确定进口货物的完税价格有 6 种估价方法:成交价格方法、相同货物成交价格方法、类似货物成交价格方法、倒扣价格方法、计算价格方法和合理方法。这 6 种估价方法必须依次使用。

成交价格方法是建立在进口货物实际发票或合同价格的基础上,在海关估价实践中使用率最高。成交价格是指进口货物的买方为购买该货物,并按《关税条例》及《审价方法》的相关规定调整后的实付或应付价格。

成交价格必须满足以下 4 个条件,否则不能适用成交价格方法:

①对买方处置或者使用该货物不予限制,但法律、行政法规规定实施的限制、对货物转售地域的限制和对货物价格无实质性影响的限制除外;

②该货物的成交价格没有因搭售或者其他因素的影响而无法确定;

③卖方不得从买方直接或者间接获得因该货物进口后转售、处置或者使用而产生的任何收益,或者虽有收益但能够按照相关规定进行调整;

④买卖双方没有特殊关系,或者虽有特殊关系但未对成效价格产生影响。

对价格进行调整时,主要从以下几个方面入手:

①以下几个方面的费用应当计入完税价格:

A. 由买方负担的购货佣金以外的佣金和经纪费;

B. 由买方负担的在审查确定完税价格时与该货物视为一体的容器的费用;

C. 由买方负担的包装材料费用和包装劳务费用;

D. 与该货物的生产和向中华人民共和国境内销售有关的,由买方以免费或者以低于成本的方式提供并可以按适当比例分摊的料件、工具、模具、消耗材料及类似货物的价款,以及在境外开发、设计等相关服务的费用;

E. 作为该货物向中华人民共和国境内销售的条件,买方必须支付的、与该货物有关的特许权使用费;

F. 卖方直接或者间接从买方获得的该货物进口后转售、处置或者使用的收益。

②进口时在货物的价款中列明的下列税收、费用,不计入该货物的完税价格:

A. 厂房、机械设备等货物进口后建设安装、装配、维修和技术服务的费用;

B. 进口货物运抵境内输入地点起卸后的运输及其相关费用、保险费;

C. 进口关税及国内税收。

③在进行价格调整时,需要注意各种费用的性质及其用途。

④在无法确定其成交价格时,海关经了解有关情况,并与纳税义务人进行价格磋商后,依次以下列价格估定该货物的完税价格:

A. 与该货物同时或者大约同时向中华人民共和国境内销售的相同货物的成效价格。

B. 与该货物同时或者大约同时向中华人民共和国境内销售的类似货物的成效价格。

C. 与该货物进口的同时或者大约同时,将该进口货物、相同或者类似进口货物在第一级销售环节销售给无特殊关系买方最大销售总量的单位价格,但应当扣除相关的费用。应扣除的费用主要有:同等级或者同种类货物在中华人民共和国境内第一级销售环节销售时通常的利润和一般费用以及通常支付的佣金;进口货物运抵境内输入地点起卸后的运输及其相关费用,保险费;进口关税及国内税收。

D. 按照下列各项总和计算的价格:生产该货物所使用的料件成本和加工费用;向中华人民共和国境内销售同等级或者同种类货物通常的利润和一般费用;该货物运抵境内输入地点起卸前的运输及其相关费用、保险费。

E. 以合理方法估定的价格。

2) 出口货物完税价格的审定

根据《关税条例》规定,对出口货物完税价格的审定原则是出口货物的完税价格由海关以该货物的成交价格以及该货物运至中华人民共和国境内输出地点装载前的运输及其相关费用、保险费为基础审查确定。

出口货物的成交价格,是指该货物出口时卖方为出口该货物应当向买方直接收取和间接收取的价款总额。出口关税不计入完税价格。如果出口货物的成交价格含有支付给境外的佣金的,如果单独列明,应当扣除。

出口货物的成交价格不能确定时,完税价格由海关依次使用下列方法估定:

①与该货物同时或大约同时向同一国家或地区出口的相同货物的成交价格；

②与该货物同时或大约同时向同一国家或地区出口的类似货物的成交价格；

③按照境内生产相同或类似货物的料件成本、加工费用、通常的利润和一般费用、境内发生的运输及其相关费用、保险费各项总和计算所得的价格；

④以合理方法估定的价格。

4.3.2　进口关税的计算

海关按照《关税条例》的规定，以从价、从量或者国家规定的其他方式对进出口货物征收关税。目前，我国对进口关税采用的计征标准主要有：从价关税、从量关税、复合关税，滑准税等。由于前面已经介绍过相关税费计算的公式，在本节中，就不再做介绍。

1)从价关税

在计算从价关税时，其计算程序如下：

第一步，确定商品的商品编码及税则列号；

第二步，根据原产地规则和税率使用原则，确定商品所适用的税率；

第三步，根据相关规定，确定商品的 CIF 价格；

第四步，按照当头的汇率，将外币折算成人民币(完税价格)；

第五步，按照计算公式正确计算应征税款。

例题

上海某汽车贸易公司从日本进口汽车一辆，成交价格 CIF 上海 2 000 000 日元/台，且经上海海关审定。外汇牌价为 100 日元 = 6.853 1元人民币。计算应纳进口关税额。

解：经查询从日本进口的汽车适用关税税率为50%，成交价格已由海关审定，因此

应征进口关税税额 = (2 000 000 × 6.853 1/100 × 50%) 元人民币
　　　　　　　　 = 68 531 元人民币

2)从量关税

计算从量关税时，其计算步骤如下：

第一步：确定货物的实际进口数量；

第二步:按照公式计算应该征收的税款。

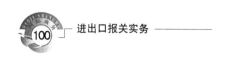

某贸易公司从日本进口了 1 000 箱啤酒,规格为 24 支×330 mL/箱,申报价格为 FOB 神户 USD 10/箱,发票列明:运费为 USD5 000,保险费率为 0.3%,经海关审查属实。外汇牌价为 100 美元＝802 元人民币。求该批啤酒的应纳关税。

解:经查询从日本进口的该啤酒适用最惠国税率为 3.5 元/L,而同时进口的数量为:

$$(1\ 000 \times 24 \times 330/1\ 000)L = 7\ 920\ L$$

应纳关税税额＝3.5 元/L×7 920 L＝27 720 元人民币

3)复合关税

在进行复合关税的计算时,需要将上述两种情况算出的税额相加。

现进口一批某国生产的非特种用途的其他电视摄像机完税价格为 12 万美元,共 20 台。计算该商品的应征进口关税。(1 美元＝8.02元人民币)

解:经查从该国进口的非特种用途的其他电视摄像机适用优惠税率:每台完税价格低于或等于 5 000 美元,执行单一从价税税率 35%；每台完税价格高于 5 000 美元,每台征收从量税,税额 12 960 元人民币,加上3%从价税。

摄像机每台完税价格＝120 000 美元/20 ＝6 000 美元

因此,每台完税价格高于 5 000 美元,应实行每台征收从量税税额 12 960 元,再加上3%从价税。

进口关税税额＝(20×12 960 元＋120 000×3%)元人民币

＝(259 200＋3 600)元人民币

＝262 800 元人民币

4.3.3　出口关税的计算

出口关税同样实行从价计征标准和从量计征标准进行计算。

1) 实行从价计征标准的出口关税

例 题

　　国内某企业从上海出口一批某商品,申报出口量 100 t,每吨价格为 FOB 上海 100 美元。已知外汇折算率 1 美元 = 8.02 元人民币,要求计算出口关税。

　　解:经查该商品出口关税税率为 5%,并审定确实 FOB 价格属实,因此

　　出口关税税额 = FOB ÷ (1 + 出口关税税率) × 出口关税税率
　　　　　　　　 = [100 × 100 × 8.02 ÷ (1 + 5%) × 5%] 元人民币
　　　　　　　　 = 3 819.05 元人民币

2) 实行从量计征标准的出口关税

例 题

　　国内某制造企业从广州出口男式西装 8 000 套,成交价格(FOB)为 28 000.00 美元,经海关审定确实。计算应征出口关税。(1 美元 = 8.02 元人民币)

　　解:经查该西装的税率为每套 0.50 元/件,因此

　　应征从量出口关税税额 = (8 000 × 0.50) 元人民币
　　　　　　　　　　　　 = 4 000 元人民币

4.3.4　增值税的计算

增值税的计算实例如下:

例题

上海某公司从德国购进一批轿车,成交价格共 FOB 100 000.00 美元,另付港商佣金 FOB 3%(非买方佣金),运费 6 000.00 美元,保险费率 3‰,经查该汽车适用税率为 50%,消费税税率为 10%,增值税税率 17%。计算增值税额。(1 美元 =8.02 元人民币)

解:首先计算关税税额,然后计算消费税税额,最后再计算增值税税额。

计算关税税额:

完税价格 $= \{[(100\,000.00 + 6\,000.00)/(1 - 3‰) + 100\,000.00 \times 3\%] \times 8.02\}$ 元人民币

$= 876\,738.034\,1$ 元人民币

应征关税税额 = 完税价格 × 关税税率

$= (876\,738.034\,1 \times 50\%)$ 元人民币

$= 438\,369.017\,1$ 元人民币

计算消费税税额:

应征消费税税额 = (完税价格 + 关税税额) ÷ (1 − 消费税税率) × 消费税税率

$= [(876\,738.034\,1 + 438\,369.017\,1) \div (1 - 10\%) \times 10\%]$ 元人民币

$= 146\,123.005\,6$ 元人民币

计算增值税税额:

应征增值税税额 = (关税完税价格 + 关税税额 + 消费税税额) × 增值税税率

$= [(876\,738.034\,1 + 438\,369.017\,1 + 146\,123.005\,6) \times 17\%]$ 元人民币

$= 248\,409.11$ 元人民币

例 题

　　某进出口公司进口某批消费税税率为 0 的货物,经海关审核其成交价格总值为 CIF 境内广州 10 200.00 美元。已知该批货物的关税税率为 25%,增值税税率为 13%,兑换率为:1 美元 = 人民币 8.02 元。请计算应征增值税税额。

　　解:

　　应征关税税额 = 完税价格 × 关税税率
　　　　　　　　 = (10 200.00 × 8.02 × 25%) 元人民币
　　　　　　　　 = 20 451 元人民币

　　应征增值税税额 = (完税价格 + 关税税额) × 增值税税率
　　　　　　　　　　 = [(20 451 + 10 200.00) × 13%] 元人民币
　　　　　　　　　　 = 3 984.63 元人民币

4.3.5　消费税的计算

消费税计征时,有从价计征、从量计征和从量从价征收 3 种情况。

例 题

　　某贸易公司从某国进口了 5 000 箱啤酒,规格为 24 支 × 330 毫升/箱,申报价格为 FOB 神户 USD 10/箱,发票列明:运费为 USD 5 000,保险费率为 0.3%。经海关审查属实。外汇牌价为 100 美元 = 802 元人民币。

　　解:经相关资料证明该啤酒为麦芽酿造的,经查从该国进口的啤酒关税税率为 0,其消费税税率为:进口完税价格 ≥ 370 美元/t 的麦芽酿造啤酒,税率为 250 元人民币/t;进口完税价格 < 370 美元/t 的麦芽酿造啤酒,税率为 220 元人民币/t,并已知 1 t 啤酒为 988 L。

　　完税价格 = [(10 × 5 000 + 5 000)/(1 - 0.3%)] 美元 = 55 165.496 5 美元

　　重量 = [(5 000 × 24 × 330/1 000)/988] t = 40.081 0 t

　　完税价格 = [(10 × 5 000 + 5 000)/(1 - 0.3%)] 美元/40.081 0 t
　　　　　　 = 55 165.496 5 美元/40.081 0 t
　　　　　　 = 1 376.350 3 (美元/t) > 370 (美元/t)

　　消费税税额 = (40.081 0 × 250) 元人民币
　　　　　　　 = (10 020.25) 元人民币

4.3.6　其他税费的计算

1）船舶吨税

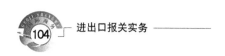

　　有一法国籍净吨位为 500 t 的轮船,停靠在我国境内某港口装卸货物。纳税义务人自行选择为 90 天期缴纳船舶吨税。现计算应征的船舶吨税。

　　解:查得净吨位 500 t 的轮船 90 天期的优惠税率为 3.30 元/t。

　　应征船舶吨税 = 净吨位 × 吨税税率

　　　　　　　　　= 500 t × 3.30 元/t = 165.00 元

2）滞纳金的计算和滞报金的计算

进行滞纳金和滞报金的计算时,要注意确定滞纳和滞报天数。

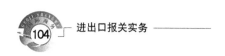

　　某进口货物成交价格为每千克 FOB 东京 100 美元,总运费为 5 500 美元,净重 1 000 kg,保险费率为 3‰,汇率为 1 美元 = 8.02 人民币元,关税税率为 15%,增值税税率为 17%,消费税税率为 0。装载该货的船舶于 2004 年 10 月 29 日(星期五)申报进口,而进口企业却与 11 月 20 日申报进口计算滞报金。假设企业于 11 月 10 日进行了申报,而当日海关即签发了缴款书,企业于 12 月 1 日才缴纳了所有的税款,计算应缴纳的滞纳金。

　　解:运输工具申报进境的日期是 2004 年 10 月 29 日,因此,货物应与 10 月 30 日到 11 月 12 日申报,而本例中申报的日期为 11 月 20 日,产生了滞报,滞报的天数为 8 天。因此

关税税额 = [(100 × 1 000 + 5 500)/(1 - 3‰) × 8.02 × 15%] 元人民币

　　　　　= [105 817.452 4 × 8.02 × 15%] 元人民币

　　　　　= 127 298.395 2 元人民币

滞报金 =（127 298.395 2 ×0.5‰ ×8）元人民币
　　　 =509.19 元人民币
增值税额 =［（105 817.452 4 ×8.02 +127 298.395 2）×17%］
　　　　　元人民币
　　　　 =165 912.24 元人民币
　由例可知,缴纳税款的日期应为 11 月 10 日到 11 月 25 日,因此滞纳天数为 6 天。因此
滞纳金 =［（127 298.395 2 +165 912.24）×0.5‰ ×6］元人民币
　　　 =879.63 元人民币

4.4　进出口税费的减免、缴纳与退补

4.4.1　进出口税费的减免

根据《海关法》第 56 ~58 条的规定,关税的减免分为法定减免税、特定减免税和临时减免税三大类。

1）法定减免税

法定减免税主要包括以下几个方面：
①关税税额在人民币 50 元以下的一票货物。
②无商业价值的广告品和货样;有商业价值的广告品和货样。如进口零星,每次总值在人民币 400 元及以下的可免税;超出 400 元的征收超出部分税款。
③外国政府、国际组织无偿赠送的物资。
④在海关放行前遭受损坏或损失的货物。
⑤进出境运输工具装载的途中必需的燃料、物料和饮食用品。
⑥规定数额以内的物品。
⑦经海关批准暂时进境或者暂时出境的下列货物,在进境或出境时纳税义务人向海关缴纳相当于应纳税款的保证金或提供其他担保的,可暂不缴纳关税,并应自进境或出境之日起 6 个月内复运出境或复运进境;经纳税义务人申

请,海关可根据海关总署的规定延长复运出境或复运进境的期限:

A.在展览会、交易会、会议及类似活动中展示或者使用的货物。

B.文化、体育交流活动中使用的表演、比赛用品。

C.进行新闻报道或者摄制电影、电视节目使用的仪器、设备及用品。

D.开展科研、教学、医疗活动使用的仪器、设备及用品。

E.在上述所列活动中使用的交通工具及特种车辆。

F.货样。

G.供安装、调试、检测设备时使用的仪器、工具。

H.盛装货物的容器。

I.其他用于非商业目的的货物。

⑧因残缺、短少、品质不良或者规格不符等原因,由进出口货物的收发货人、承运人或者保险公司免费补偿或者更换的相同货物,进出口时不征收关税。被免费更换的原进口货物不退运出境或者原出口货物不退运进境的,海关应对原进出口货物重新按照规定征收关税。

⑨因品质或者规格原因,出口货物自出口之日起1年内原状复运进境的,不征收进口关税;因品质或者规格原因,进口货物自进口之日起1年内原状复运出境的,不征收出口关税。

⑩中华人民共和国缔结或者参加的国际条约规定减征、免征关税的货物、物品。

⑪法律规定的其他免征或者减征关税的货物,海关根据规定予以免征或者减征。

⑫法定免征进口关税的进口货物,免征进口环节增值税、消费税。

2)特定减免税范围

特定减免税货物,自进口之日起至海关监管年限届满之日或解除监管之日止,应接受海关监管,监管年限自货物进口放行之日起算。

海关监管使用的减免税进口货物,在监管年限内转让或移作他用需征、补税的,海关应根据该货物进口时间折旧估价征税。

①按照国际通行规则实施的关税优惠有:科教用品;残疾人用品;境外非官方组织和个人捐赠的救灾物资;加工贸易物资;保税区物资。

②按照国家产业政策实施的关税优惠有:外商投资企业进出口物资;国家鼓励发展产业;国内投资项目进口设备;国内企业利用外国政府贷款和国际金融组织贷款项目的进口物资(自用设备、适量配件等)。

③其他减免税优惠有:滞纳金起征额为 50 元,不足 50 元免于征收。进口环节滞报金减免:因政府工作致使收货人办理相关手续而产生滞报;不可抗力产生滞报;因海关工作产生滞报;政府间或国际组织无偿援助、捐赠用于救灾、公益福利等方面的进口物资产生滞报;收货人要提交说明及证明文件,非收货人责任的免征滞报金,属收货人责任的按 5% 征收。

4.4.2　进出口税费的缴纳

纳税义务人向海关缴纳税款的方式主要以进出口地纳税为主,也有部分企业经海关批准采取属地纳税方式。纳税义务人向海关缴纳税款的方式主要有:一种是持缴款书向指定银行办理税费交付手续;另一种是向签有协议的银行办理电子交付税费手续或者网上交纳的方式。

海关征收进出口关税和进口环节税以及滞纳金时,就向纳税义务人或其代理人填发"海关专用缴款书",纳税义务人或其代理人持凭"海关专用缴款书"向银行缴纳税款。

"海关专用缴款书"一式六联:
①第一联为"收据";
②第二联为"付款凭证";
③第三联为"收款凭证";
④第四联为"回执";
⑤第五联为"报查";
⑥第六联为"存根"。

海关在征收滞报金时,应向收货人填发"海关行政事业收费专用票据"。收货人持凭"海关行政事业收费专用票据",向海关指定部门或指定银行办理缴款手续。"海关行政事业收费专用票据"一式四联:第一联为"存根";第二联为"收据";第三联为"记账";第四联为"经办部门存查"。而在进口货物收货人缴纳后,应将盖有"收讫"章的"海关行政事业收费专用票据"交给货物申报进口的海关,海关凭予核销并办理有关手续。

4.4.3　进出口税费的退补

1)进出口税费的退还

退税是指纳税义务人或其代理人缴纳税款后,由于计征人员的疏忽、误解或国家政策规定等特定原因,将已入国库的税款退库和退付。对于需要退税的,要经过海关核准后才予以办理退税手续。退税的情况主要有:

①已缴纳税款的进口货物,因品质或者规格原因原状退货复运出境的;

②已缴纳出口关税的出口货物,因品质或者规格原因原状退货复运进境,并已重新缴纳因出口而退还的国内环节有关税收的;

③已缴纳出口关税的货物,因故未装运出口申报退关的;

④散装进出口货物发生短装、短卸并已征税放行的,如果该货物的发货人、承运人或者保险公司已对短装部门退还或者赔偿相应货款的,纳税义务人可以向海关申请退还进口或者出口短装部分的相应税款;

⑤进出口货物因残损、品质不良、规格不符的原因,由进出口货物的发货人、承运人或者保险公司赔偿相应货款的,纳税义务人可以向海关申请退还赔偿货款部分的相应税款;

⑥因海关误征,致使纳税义务人多缴纳税款的。

海关退还已征收的关税和进口环节税时,应填发"收入退还书"(海关专用),同时通知原纳税义务人或其代理人。海关将"收入退还书"(海关专用)送交指定银行划拨款。"收入退还书"一式六联:第一联为"收账通知";第二联为"付款凭证";第三联为"收款凭证";第四联为"付款通知";第五联为"报查凭证";第六联为"存根"。

2)税款追征和补征

出现下列情况之一者,海关将予以追征或补征:

①进出口货物放行后,海关发现少征或者漏征税款的;

②因纳税义务人违反规定造成少征或者漏征税款的;

③海关监管货物在海关监管期间因故改变用途按照规定需要补征税款的。

在海关追征或补征后,因纳税义务人违反规定需在征收税款的同时加收滞纳金的,如果纳税义务人未在规定的 15 天缴款期限内缴纳税款,另行加收自缴款期限届满之日起至缴清税款之日止滞纳税款的 0.5‰的滞纳金。

自 测 题

一、思考题

1.简述我国关税、增值税、消费税、船舶吨税的征收对象。

2. 我国关税的纳税期限是什么？滞纳天数和滞纳金如何计算？

3. 成交价格是否一定等于发票价格？简述成交价格的含义。

4. 什么是"相同货物"？什么是"类似货物"？

5. 出口货物的完税价格如何确定？

6. 对运往境外加工的货物和运往境外修理的货物,应当分别怎么估定完税价格？

7. 查获的走私进口货物需补税时,应按何时所施行的税率征税？

8. 对无法确定原产国别(地区)的进口货物,按什么税率征税？

9. 关税减免有哪几种？

10. 简述法定减免税的范围。

11. 简述特定减免税的范围。

12. 简述滞报金减免的范围。

13. 什么情况下应追征关税？

14. 什么情况下应补征关税？

15. 简述退税的适用范围和程序。

二、计算题

1. 某出口货物成交价格为 FOB 上海 1 000.00 美元,另外从上海至出口目的国韩国的运费总价为 500.00 美元,从上海至韩国的保险费为 3‰。假定其适用的基准汇率为 1 美元 = 8.27 元人民币,出口关税税率为 10%。计算出口关税税额。

2. 某进出口公司从美国进口硫酸镁 5 000 t,进口申报价格 FOB 旧金山 USD 325 000,运费每吨 USD 10,保险费率 3‰,其适用的基准汇率为 USD 100 = RMB 827。经查,硫酸镁的最惠国关税率为 5.5%,计算应纳关税税额。

3. 某进口货物成交价格为总价 CFR 上海 10 000 美元,运费为每千克 5 美元,净重 100 kg,毛重 110 kg,保险费率 3‰,其适用的基准汇率为 1 美元 = 8.27元人民币,关税税率为 25%。计算关税税额。

4. 一辆进口自日本的小轿车 CIF 上海的价格为 20 万元人民币,经海关审定,该进口轿车的完税价格为 20 万元人民币。已知进口关税税率为 34.2%,消费税率为 8%,增值税率为 17%。计算该轿车应纳的关税税额、消费税税额及增值税税额。

5. 某工厂从美国某企业购买了一批机械设备,成交条件为 CIF 广州,该批货物的发票列示如下:机械设备 USD 500 000,运保费 USD 5 000,卖方佣金 USD 25 000,培训费 USD 2 000,设备调试费 USD 2 000。已知其适用的基准汇率为

USD 100 = RMB 827,该货物适用的关税税率为20%。求该进口货物应纳关税税额。

6. 某贸易公司于2002年5月10日(周五)申报进口一批货物,海关于当日开出税款缴款书。其中关税税款为人民币24 000元,增值税税款为人民币35 100元,消费税税款为人民币8 900元。该公司实际缴纳税款日期为6月6日(周四)。计算该公司应缴纳的所有滞纳金。

7. 载有进出口企业A从国外购买的进口货物的某海轮B于2002年10月8日(星期二)向海关申报进境,但A企业于2002年10月31日(星期四)才向海关申报进口该批货物。该货物的成交价格为CIF上海150 000美元。已知其适用中国人民银行公布的基准汇率为1美元=8.27元人民币。计算应征收滞报金额。

第5章
进出口货物报关单填制

【本章导读】

进出口货物报关单是向海关办理货物进出境手续的主要单证，必须按照《中华人民共和国进出口货物报关单的填制规范》的要求填制。本章在介绍报关单的基本知识，包括报关单的含义、种类、构成的基础上，按照《填制规范》的要求分别介绍了进出口货物报关单各栏目的填制方法和要求，目的是使读者能完整、准确、有效地填制报关单。

　　进出口货物的收发人或其代理人向海关办理进出口手续时,在货物进出口的时候填写《进口货物报关单》或《出口货物报关单》,同时提供批准货物进出口的证件和有关的货运、商业票据,以便海关审查货物的进出口是否合法,确定关税的征收或减免事宜,编制海关统计。能否正确填制报关单将直接影响报关率、企业的经济利益和海关监管的各个工作环节。因此,正确填制报关单是海关对报关企业和报关员的基本要求,也是报关员必须履行的义务。

5.1　进出口货物报关单概述

5.1.1　进出口货物报关单的含义和种类

1) 含义

　　进出口货物报关单是指进出口货物的收发货人或其代理人,按照海关规定的格式对进出口货物的实际情况做出书面申明,以此要求海关对其货物按照适用的海关制度办理通关手续的法律文书。

2) 类别

　　按照货物的流转状态、贸易性质和海关监管方式的不同,进出口货物报关单可以分为以下几种类型:
　　①按进出口状态分为进口货物报关单和出口货物报关单。
　　②按表现形式分为纸质报关单和电子数据报关单。
　　③按使用性质分为进料加工进出口货物报关单、来料加工及补偿贸易进出口报关单和一般贸易及其他贸易进出口货物报关单。
　　④按用途分为报关单录入凭单(指申报单位按海关规定的格式填写的凭单,用作报关单预录入的依据)、预录入报关单(指预录入单位录入、打印,由申报单位向海关申报的报关单)、电子数据报关单(指申报单位通过电子计算机系统,按照《填制规范》的要求,向海关申报的电子报文形式的报关单及事后打印、补交备核的纸质的报关单)和报关单证明联(指海关在核实货物实际入、出境后按报关单格式提供的证明,用作企业向税务、外汇管理部门办结有关手续的证明文件,包括:出口货物报关单出口退税证明联、进口货物报关单付汇证明联、

出口货物报关单收汇核销联)。

5.1.2　进出口货物报关单的构成

纸质进口货物报关单一式五联,包括:海关作业联、海关留存联、企业留存联、海关核销联和进口付汇证明联。

纸质出口货物报关单一式六联,包括:海关作业联、海关留存联、企业留存联、海关核销联、出口收汇证明联和出口退税证明联。

1)进出口货物报关单海关作业联和留存联

进出口货物报关单海关作业联和留存联是报关员配合海关查验、交纳税费、提取或装运货物的重要单据,也是海关查验货物、征收税费、编制海关统计以及处理其他海关事务的重要凭证。

2)进出口货物报关单收、付汇证明联

进口货物报关单付汇证明联和出口货物报关单收汇证明联,是海关对已实际进出境的货物所签发的证明文件,是银行和国家外汇管理部门办理售汇、付汇和收汇及核销手续的重要依据之一。

对需要办理进口付汇核销或出口收汇核销的货物,进出口货物的收、发货人或其代理人应当在海关放行货物或结关以后,向海关申领进口货物报关单进口付汇证明联或出口货物报关单出口收汇核销联。

3)进出口货物报关单海关核销联

进出口货物报关单海关核销联是指口岸海关对已实际申报进口或出口的货物所签发的证明文件,是海关办理加工贸易合同核销、结案手续的重要凭证。加工贸易的货物进出口后,申报人应当向海关领取进出口货物报关单海关核销联,并凭以向主管海关办理加工贸易合同核销手续。

4)出口货物报关单出口退税证明联

出口货物报关单出口退税证明联是海关对已实际出口并已装运离境的货物所签发的证明文件,是国家税务部门办理出口货物退税手续的重要凭证之一。

对可办理出口退税的货物,出口货物发货人或其代理人应当在载运货物的

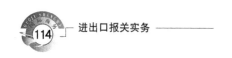

运输工具实际离境、海关收到载货清单、办理结关手续后,向海关申领出口货物报关单出口退税证明联。

5.2　进出口货物报关单的填制

5.2.1　报关单填制的一般要求

进出境货物的收发货人或代理人向海关申报时,必须填写并向海关递交进口或出口货物报关单。申报人在填制报关单时,必须做到真实、准确、齐全、清楚。

1)如实申报

报关员必须按照《海关法》及《中华人民共和国海关进出口货物申报管理规定》和《填制规范》的有关规定和要求,向海关如实申报。

2)真实填报

报关单的填写必须真实,要做到两个相符:一是单证相符,即报关单与合同、批文、发票、装箱单等相符;二是单货相符,即报关单中所报内容与实际进出口货物情况相符,特别是货物的品名、规格、数量、价格等内容必须真实,不得出现差错,更不能伪报、瞒报及虚报。

3)报关单中填报的项目要准确、齐全、完整、清楚

报关单所列各栏要逐项详细填写,内容无误;要求尽可能打字填报,如用笔写,字迹要清楚、整洁、端正,不可用铅笔(或红色复写纸)填报;填报项目,若有更改,必须在更改项目上加盖校对章。

4)不同须分别填报

不同批文或合同的货物、同一批货物中不同贸易方式的货物、不同备案号的货物、不同提运单的货物、不同征免性质的货物、不同运输方式、相同运输方式但不同航次的货物、不同原产地证书项下的货物,均应分别填写报关单。

5) 正当理由更正

向海关申报的进出口货物报关单,事后由于各种原因,出现原来填报的内容与实际进出口货物不相一致,需立即向海关办理更正手续,填写报关单更正单,对原来填报项目的内容进行更改,更改内容必须清楚,一般情况下,错什么,改什么。但是,如果更改的内容涉及到货物件数的变化,则除应对货物的件数进行更改外,与件数有关的项目,如货物的数量、重量、金额等也应做相应的更改;如一张报关单上有两种以上的不同货物,更正单上应具体列明是哪些货物做了更改。

5.2.2 进出口货物报关单的填制规范

1) 预录入编号

预录入编号是指预录入单位录入报关单的编号,用于申报单位与海关之间引用其申报后尚未接受申报的报关单。预录入编号由接受申报的海关决定编号规则,计算机自动打印。

2) 海关编号

海关编号是指海关接受申报时给予报关单的顺序号。海关编号由各直属海关在接受申报时确定,并标志在报关单的每一联上。一般来说,海关编号就是预录入编号,由计算机自动打印,不需填写。编号规则如下:

①进口报关单和出口报关单应分别编号,确保在同一公历年度内,能按进口和出口唯一地标志本关区的每一份报关单。

②报关单海关编号由18位数字组成,其中前4位为接受申报海关的编号,即《关区代码表》中相应的海关代码,第5~8位为海关申报的公历年份,第9位为进出口标志,"1"为进口,"0"为出口,第10~18位为报关单顺序编号。

3) 进口口岸/出口口岸

在进出口货物报关单中进/出口口岸均特指货物实际进出我国关境口岸海关的名称。具体填报要求如下:

①进口货物报关单的"进口口岸"栏应填报货物实际进入我国关境的口岸海关的名称和代码。

例题

　　货物由上海吴淞口岸进境的,"进口口岸"栏申报为"吴淞海关" +"2202"。出口货物报关单的"出口口岸"栏应填报货物实际运出我国关境的口岸海关的名称及代码。如货物从广州口岸出境的,"出口口岸"栏申报为"广州海关" + "5101"。

　　②口岸海关名称及代码从海关《关区代码表》中查找,能具体就具体。如果《关区代码表》中只有直属海关关别及代码的,填报直属海关的名称及代码,如果有隶属海关关别及代码的,应填报隶属海关的名称及代码。

例题

　　在广州海关办理货物进出口报关手续,本栏目可填报"广州海关" + "5101"。在广州新风海关办理货物进出口报关手续,本栏目不得填报"广州海关",必须填报"广州新风海关" + "5102"。

注意事项:

　　①实际进出境的货物,填报货物实际进出口口岸的口岸海关名称及代码。

　　②加工贸易货物,填报货物限定或指定进出口口岸的口岸海关名称及代码。限定或指定口岸与货物实际进出境口岸不符的,应向备案主管海关办理变更手续后填报。

　　③进口转关运输货物,填报货物进境地海关名称及代码;出口转关运输货物,填报货物出境地海关名称及代码。

　　④按转关运输方式监管的跨关区深加工结转货物,出口报关填报具体转出地海关名称及代码,进口报关单填报具体转入地海关名称及代码。

　　⑤在不同出口加工区之间转让的货物,填报对方出口加工区海关名称及代码。

　　⑥其他无实际进出境的货物,填报接受货物申报的海关名称及代码。

　　⑦无法确定进出口口岸的货物,填报接受申报的海关名称及代码。

　　4)备案号

　　备案号指进出口企业在海关办理加工贸易合同备案或征、减、免税审批备案等手续时,海关给予"中华人民共和国海关加工贸易手册"、"中华人民共和国海关加工贸易设备登记手册"、电子账册及其分册、"中华人民共和国海关进出口货物征免税证明"或其他有关备案审批文件的编号。

备案号为 12 个字符,其中第一位为标记代码。

《加工贸易手册》第一位为:"A"表示备料;"B"表示来料加工;"C"表示进料加工;"D"表示加工贸易设备(包括作价和不作价设备);"F"表示加工贸易异地进出口分册;"G"表示加工贸易深加工结转分册。

《征免税证明》的第一位是"Z"。

《原产地证书》第一位为"Y"。

该栏目填报要求如下:

①一份报关单只允许填报一个备案号。

②无备案审批文件的报关单,本栏免填。

③加工贸易合同项下使用《加工贸易手册》的货物和凡涉及减免税备案审批的货物,应填报《加工贸易手册》编号和《征免税证明》编号。

④加工贸易转为享受减免税或需审批备案后办理形式进口的货物,进口报关单填报《征免税证明》等审批证件备案编号,出口货物报关单填报《加工贸易手册》编号。

⑤出入出口加工区的保税货物,应填报标记代码为"H"的电子账册备案号;出入出口加工区的征免税货物、物品,应填报标记代码为"H"、第六位为"D"的电子账册备案号。

⑥使用异地直接报关分册和异地深加工结转出口分册在异地口岸报关的,本栏目应填分册号;本地直接报关分册和本地深加工结转出口分册限制在本地报关,本栏目应填报总册号。

⑦对减免税设备及加工贸易设备之间的结转,转入和转出企业分别填制进、出口报关单,分别填报加工贸易手册编号、征免税证明编号或免予填报。

⑧实行原产地证书联网管理的香港、澳门地区 CEPA 项下的进口货物,填报"Y"+"11 位的原产地证书编号";未实行原产地证书联网管理的曼协规则和东盟规则项下的进口货物均不填报原产地证书编号。

5)进口日期/出口日期

进(出)口日期是指申报货物的运输工具申报进境(办结出境手续)的日期。具体填报要求如下:

①本栏目为 8 位数,顺序为年(4 位)、月(2 位)、日(2 位),如"2006.08.10"。

②进口日期栏填报的日期必须与相应的运输工具进境日期相同,如果进口

申报时无法确知相应的运输工具的实际进境日期时,免于填报。

③出口日期栏供海关打印报关单证明联用,免于填报。

④无实际进出境的报关单填报向海关办理申报手续的日期,以海关接受申报的日期为准。

6)申报日期

申报日期指海关接受进出口货物收、发货人或受其委托的报关企业申请的日期。填报要求如下:

①本栏目为 8 位数字,顺序为年(4 位)、月(2 位)、日(2 位)。

②以电子数据报关单方式申报的,申报日期为海关计算机系统接受申报数据时记录的日期;以纸质报关单方式申报的,申报日期为海关接受纸质报关单并进行登记处理的日期。

③除特殊情况外,进口货物申报日期不得早于进口日期;出口货物申报日期不得晚于出口日期。

7)经营单位

经营单位是指对外签订并执行进出口贸易合同的中国境内企业、单位或个人。填报要求为:本栏目应填报经营单位中文名称和经营单位编码。经营单位编码是经营单位在海关办理注册登记手续时,海关给予的注册登记 10 位数的编码。

经营单位编码的结构为:

第 1 至第 4 位为进出口单位属地的行政区划代码;

第 5 位为市经济区划代码,如表 5.1 所示;

第 6 位为进出口企业经济类型代码,如表 5.2 所示;

第 7 至第 10 位为顺序编号。

特殊情况下确定经营单位的原则为:

①援助、赠送、捐助的货物,填报直接接受货物的单位。

②进出口企业之间相互代理进出口的,填报代理方。

③外商投资企业委托进出口企业进口投资设备、物品的,填报外商投资企业,并在唛头栏注明"委托某进出口企业进口"。

④合同的签订者和执行者不是同一个企业的,经营单位应该填合同执行企业。

⑤境外企业不得作为经营单位填报。对于委托我驻港澳机构成交的货物,

国内委托人为经营单位。

⑥只有报关权而没有进出口经营权的企业不得作为经营单位填报。

表5.1 市经济区划代码表

市经济区划代码	市经济区划说明
1	经济特区
2	经济开发区和上海浦东新区、海南洋浦经济开发区
3	高新技术产业开发区
4	保税区
5	出口加工区
7	物流园区
9	其他

表5.2 企业经济类型代码表

企业性质代码	企业性质代码说明
1	有进出口经营权的国有企业
2	中外合作企业
3	中外合资企业
4	外商独资企业
5	有进出口经营权的集体企业
6	有进出口经营权的私营企业
7	有进出口经营权的个体工商户
8	有报关权而没有进出口经营权的企业
9	其他

8) 运输方式

运输方式指载运货物进出关境所使用的运输工具的分类,包括实际运输方式和海关规定的特殊运输方式。

实际运输方式专指用于载运货物实际进出关境的运输方式,主要包括江海运输、铁路运输、航空运输、汽车运输、邮递运输和其他运输(驮畜、电网、管道等)。

特殊运输方式仅用于标志没有实际进出境的货物,包括以下6种情况:

①非保税区运入保税区货物和保税区退区货物；

②境内存入出口监管仓库和出口监管仓库退仓货物；

③保税区运往非保税区货物；

④保税仓库转内销货物；

⑤出口加工区与区外之间进出的货物；

⑥其他没有实际进出境的货物。

本栏目应根据实际运输方式按海关规定的《运输方式代码表》填报,如表5.3所示。

表5.3 运输方式代码表

运输方式代码	名称	运输方式名称
0	非保税区	非保税区运入保税区和保税区退区
1	监管仓库	境内运入出口监管仓库和出口监管仓库退仓
2	江海运输	江海运输
3	铁路运输	铁路运输
4	汽车运输	汽车运输
5	航空运输	航空运输
6	邮件运输	邮件运输
7	保税区	保税区运往非保税区
8	保税仓库	保税仓库转内销
9	其他运输	其他运输(驮畜、输油管道、电网)
X	物流园区	从境内(指国境内特殊监管区域之外)运入园区内或从保税物流园区运往境内
Y	保税港区	保税港区(不包括直通港区)运送区外和区外运入保税港区的货物
Z	出口加工	出口加工区运往区外和区外运入出口加工区(区外企业填报)
W	物流中心	从中心外运入保税物流中心或从保税物流中心运往区外

特殊情况下运输方式的填报原则:

①非邮政方式进出口的快递货物,按实际运输方式填报。

②进出境旅客随身携带的货物,按旅客所乘运输工具填报。

③进口转关运输货物,按载运货物抵达进境地的运输工具填报;出口转关运输货物,按载运货物驶离出境地的运输工具填报。

④出口加工区与区外之间进出的货物,区内填报"9",区外填报"Z"。

⑤同一出口加工区内或不同出口加工区的企业之间相互结转（调拨）的货物，出口加工区与其他海关特殊监管区域之间、不同保税区之间、同一保税区内不同企业之间、保税区与出口加工区等海关特殊监管区域之间转移（调拨）的货物，以及加工贸易余料结转、深加工结转和内销货物，填报"9"。

9）运输工具名称

运输工具名称指载运货物进出境的运输工具的名称或运输工具编号。一份报关单只允许填报一个运输工具的名称，且与运输部门向海关申报的载货清单所列相应内容一致。具体填报要求如下：

（1）直接在进出境地办理报关手续的报关单

①江海运输填报船舶编号（来往港澳地小型船舶为监管簿编号）或船舶英文名称。

②汽车运输填报该跨境运输车辆的国内行驶车牌号，深圳提前报关模式填报国内行驶车牌号＋"/"＋"提前报关"4个字。

③铁路运输填报车厢编号或交接单号。

④航空运输填报航班号。

⑤邮政运输填报邮政包裹单号。

⑥其他运输填报具体运输方式名称，如管道、驮畜等。

⑦对于"清单放行，集中报关"的货物填报"集中报关"4个字。

（2）转关运输货物报关单

①进口：

A. 江海运输：直转、提前报关填报"＠"＋16位转关申报单预录入号（或13位载货清单号）；中转填报进境英文船名。

B. 铁路运输：直转、提前报关填报"＠"＋16位转关申报单预录入号；中转填报车厢编号。

C. 汽车及其他运输：填报"＠"＋16位转关申报单预录入号（或13位载货清单号）。

D. 航空运输：直转、提前报关填报"＠"＋16位转关申报单预录入号（或13位载货清单号）；中转填报"＠"。

E. 以上运输方式使用广东地区载货清单转关的提前报关货物填报"＠"＋13位载货清单号；其他地区提前报关免于填报。

②出口：

A. 江海运输:非中转填报"@"+16位转关申报单预录入号(或13位载货清单号),如多张报关单需要通过一张转关单转关的,运输工具名称字段填报"@"。中转,境内江海运输填报驳船船名;境内铁路运输填报车名〔主管海关4位关别代码+"TRAIN"(英文单词)〕;境内公路运输填报车名〔主管海关4位关别代码+"TRUCK"(英文单词)〕。

B. 铁路运输:填报"@"+16位转关申报单预录入号(或13位载货清单号),如多张报关单需要通过一张转关单转关的,填报"@"。

C. 航空运输:填报"@"+16位转关申报单预录入号(或13位载货清单号),如多张报关单需要通过一张转关单转关的,填报"@"。

D. 其他各类出境运输方式:填报"@"+16位转关申报单预录入号(或13位载货清单号)。

(3)无实际进出境货物报关单

无实际进出境的,本栏目免予填报。

航次号指载运货物进出境的运输工具的航次编号,具体填报要求如下:

(1)直接在进出境地办理报关手续的报关单

①江海运输:填报船舶的航次号。

②汽车运输:填报该跨境运输车辆的进出境日期〔8位数字,顺序为年(4位)、月(2位)、日(2位),下同〕。

③铁路运输:填报进出境日期。

④航空运输:免予填报。

⑤邮政运输:填报进出境日期。

⑥其他各类运输方式:免予填报。

(2)转关运输货物报关单

①进口:

A. 江海运输:中转转关方式填报"@"+进境干线船舶航次。直转、提前报关免予填报。

B. 公路运输:免予填报。

C. 铁路运输:"@"+进出境日期〔8位数字,顺序为年(4位)、月(2位)、日(2位)〕。

D. 航空运输:免予填报。

E. 其他各类运输方式:免予填报。

②出口:

A.江海运输:非中转货物免予填报。中转货物,境内江海运输填报驳船航次号;境内铁路、公路运输填报6位启运日期,顺序为年、月、日各2位。

　　B.铁路拼车拼箱捆绑出口:免予填报。

　　C.航空运输:免予填报;

　　D.其他运输方式:免予填报。

　　(3)上述规定以外无实际进出境的,免予填报

　　本栏目纸质报关单填报格式要求:

　　①江海运输填报船舶英文名称(来往港澳地区小型船舶为监管簿编号)或者船舶编号 +"/"+ 航次号。例如:提单显示"Shipped by S/S:DONGFENG V.101",即"DONGFENG"为船名,"101"为航次,本栏目填报为"DONGFENG/101"。

　　②汽车运输填报该跨境运输车辆的国内行驶车牌号 +"/"+ 进出境日期(8位数字)。

　　③铁路运输填报车厢编号或交接单号 +"/"+ 进出境日期(8位数字)。

　　④航空运输填报航班号。如"KZ0225",前两位为航空公司代号。

　　⑤邮政运输填报邮政包裹单号 +"/"+ 进出境日期(8位数字)。

　　⑥其他运输填报具体运输方式名称,如管道、驮畜等。

　　10)提运单号

　　提运单号是指出口货物提单或运单的编号。本栏目填报的内容应与运输部门向海关申报的载货清单的相应内容一致。一份报关单只允许填报一个提运单号,一票货物对应多个提运单时,应分单填报。无实际进出境的,免于填报。填报要求如下:

　　(1)直接在进出境地办理报关手续的报关单

　　A.江海运输:填报进出口提运单号,如果有分提运单的,填报进出口提运单号 +"＊"+ 分提运单号。如1320135＊P130。

　　B.汽车运输:免于填报。

　　C.铁路运输:填报铁路运单号。

　　D.航空运输:填报总运单号 +"_"(下划线)+ 分运单号,无分运单的填报总运单号。

　　E.邮政运输:填报邮运包裹单号。

　　(2)进出境转关运输货物报关单

　　①进口:

A. 江海运输：直转、中转填报提单号，提前报关免于填报。

B. 铁路运输：直转、中转填报铁路运单号，提前报关免于填报。

C. 航空运输：直转、中转填报总运单号＋"_"（下划线）＋分运单号，提前报关免于填报。

D. 其他运输方式免于填报。

E. 以上运输方式进境货物在广东省内用公路转关运输的，填报车牌号。

②出口：

A. 江海运输：中转货物填报提单号，非中转货物免于填报，广东省内提前报关的转关货物填报车牌号。

B. 其他运输方式：广东省内提前报关的转关货物填报车牌号；其他地区免于填报。

11）收货单位/发货单位

收货单位是指已知的进口货物在境内的最终消费、使用单位，如自行从境外进口货物的单位和委托有进出口经营权的企业进口货物的单位等。发货单位是指出口货物在境内的生产或销售单位，如自行出口货物的单位和委托有进出口经营权的企业出口货物的单位等。具体填报要求如下：

①备有海关注册编号或加工生产企业编号的收发货单位，本栏目填报其经营单位的编码或加工生产企业编号；否则填报其中文名称。

②加工贸易报关单的收、发货单位应与《加工贸易手册》的货主单位一致。

③减免税货物报关单的收、发货单位应与《征免税证明》的申请单位一致。

12）贸易方式（监管方式）

贸易方式是专指以国际贸易中进出口货物的交易方式为基础，结合海关对进出口货物监督管理需要综合设定的进出口管理方式。本栏目填报要求为：

①一份报关单只允许填报一种贸易方式。

②根据实际情况，按照海关规定的《监管方式代码表》选择填报相应的贸易方式简称或代码，如表5.4所示。

③出口加工区内企业填制的"出口加工区进（出）境货物备案清单"应选择填报适用于出口加工区货物的贸易方式简称或代码。

表 5.4　监管方式代码

贸易方式代码	贸易方式简称	贸易方式全称
0110	一般贸易	一般贸易
0130	易货贸易	易货贸易
0214	来料加工	来料加工装配贸易进口料件及加工出口货物
0245	来料料件内销	来料加工料件转内销
0255	来料深加工	来料深加工结转货物
0258	来料余料结转	来料加工余料结转
0265	来料料件复出	来料加工复出出境的原进口料件
0300	来料料件退换	来料加工料件退换
0320	不作价设备	加工贸易外商提供的不作价进口设备
0345	来料成品减免	来料加工成品凭征免税证明转减免税
0420	加工贸易设备	加工贸易项下外商提供的进口设备
0444	保区进料成品	按成品征税的保税区进料加工成品转内销货物
0445	保区来料成品	按成品征税的保税区来料加工成品转内销货物
0446	加工设备内销	加工贸易免税进口设备转内销
0456	加工设备结转	加工贸易免税进口设备结转
0466	加工设备退运	加工贸易免税进口设备退运出境
0513	补偿贸易	补偿贸易
0544	保区进料料件	按料件征税的保税区进料加工成品转内销货物
0545	保区来料料件	按料件征税的保税区来料加工成品转内销货物
0615	进料对口	进料加工
0700	进料料件退换	进料加工料件退换
0744	进料成本减免	进料加工成品凭征免税证明转减免税
0815	低值辅料	低值辅料
0844	来料边角料内销	来料加工项下边角料转内销
0845	进料边角料内销	进料加工项下边角料转内销
0864	进料边角料复出	进料加工项下边角料复出口

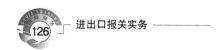

续表

贸易方式代码	贸易方式简称	贸易方式全称
0865	来料边角料复出	来料加工项下边角料复出口
1139	国轮油物料	中国籍运输工具境内添加的保税油料、物料
1215	保税工厂	保税工厂
1233	保税仓库货物	保税仓库进口境货物
1234	保税区仓储转口	保税区进出境仓储转口货物
1300	修理物品	进出境修理物品
1427	出料加工	出料加工
1500	租赁不满一年	租赁不满一年的租赁贸易货物
1523	租赁贸易	租期在一年及以上的租赁贸易货物
1616	寄售代销	寄售、代销货物
1741	免税品	免税品
1831	外汇商品	免税外汇商品
2025	合资合作设备	合资合作设备企业作为投资进口设备物品
2225	外资设备物品	外资企业作为投资进口的设备物品
2439	常驻机构公用	外国常驻机构进口办公用品
2600	暂时进出口货物	暂时进出口货物
2700	展览品	进出境展览品
2939	陈列样品	驻华商业机构不复运出口的进口陈列样品
3010	货样广告品 A	有经营权单位进出口的货样广告品
3039	货样广告品 B	无经营权单位进出口的货样广告品
3100	无代价抵偿	无代价抵偿货物
3339	其他进口免费	其他进口免费提供货物
3410	承包工程出口	对外承包工程出口物资
3422	对外承包进口	对外承包工程进口物资
3511	援助物资	国家和国际组织无偿援助物资
3612	捐赠物资	华侨,港、澳、台同胞,外籍华人捐赠物资

贸易方式代码	贸易方式简称	贸易方式全称
4019	边境小额	边境小额贸易(边民互市贸易除外)
4200	驻外机构运回	我驻外机构运回旧公用物品
4239	驻外机构购进	我驻外机构境外购买运回国的公务用品
4400	来料成品退换	来料加工成品退换
4500	直接退运	直接退运
4539	进口溢误卸	进口溢、误卸货物
4561	退运货物	因质量不符、延误交货等原因退运进出境货物
4600	进料成品退换	进料成品退换
5000	料件进出区	用于区内外非实际进出境货物
5015	区内加工货物	加工区内企业从境外进口
5033	区内仓储货物	加工区内仓储企业从境外进口的货物
5100	成品进出区	用于区内外非实际进出境货物
5200	区内边角调出	用于区内外非实际进出境货物
5300	设备进出区	用于区内外非实际进出境货物
5361	境外设备进区	加工区内企业从境外进口的设备物资
9639	海关处理货物	海关变卖处理的超期未报货物,走私违规货物
9700	后续补税	无原始报关单的后续退、补税
9739	其他贸易	其他贸易
9800	租赁征税	租赁期一年及以上的租赁贸易货物的租金
9839	留赠转卖物品	外交机构转售境内或国际活动留赠放弃特批货
9900	其他	其他

13)征免性质

征免性质是指海关根据《海关法》、《关税条例》及国家有关政策对进出口货物实施的征、减、免税管理的性质类别。填报要求如下:

①一份报关单只允许填报一种征免性质。

②按照海关核发的征免税证明中批注的征免性质填报,或根据进出口货物

的实际情况,参照《征免性质代码表》选择填报相应的征免性质简称或代码,如表5.5所示。

表5.5　征免性质代码表

征免性质代码	征免性质简称	征免性质全称
101	一般征税	一般征税进出口货物
201	无偿援助	无偿援助进出口物资
299	其他法定	其他法定减免税进出口货物
301	特定区域	特定区域进口自用物资及出口货物
307	保税区	保税区进口自用物资
399	其他地区	其他执行特殊政策地区出口货物
401	科教用品	大专院校及科研机构进口科教用品
403	技术改造	企业技术改造进口货物
406	重大项目	国家重大项目进口货物
412	基础设施	通信、港口、铁路、公路、机场建设进口设备
413	残疾人	残疾人组织和企业进出口货物
417	远洋渔业	远洋渔业自捕水产品
418	国产化	国家定点生产小轿车和摄录机企业进口散件
501	加工设备	加工贸易外商提供的不作价进口设备
502	来料加工	来料加工装配和补偿贸易进口料件及出口成品
503	进料加工	进料加工贸易进口料件及出口成品
506	边境小额	边境小额贸易进口货物
601	中外合资	中外合资经营企业进出口货物
602	中外合作	中外合作经营企业进出口货物
603	外资企业	外商独资企业进出口货物
606	海上石油	勘探、开发海上石油进口货物
608	陆地石油	勘探、开发陆地石油进口货物
609	贷款项目	利用贷款进口货物
611	贷款中标	国际金融组织贷款、外国政府贷款中标机电设备零部件
789	鼓励项目	国家鼓励发展的内外资项目进口设备

续表

征免性质代码	征免性质简称	征免性质全称
799	自有资金	外商投资额度外利用自有资金进口设备、备件、配件
801	救灾捐赠	救灾捐赠进口物资
898	国批减免	国务院特准减免税的进出口货物
998	内部暂定	享受内部暂定税率的进出口货物
999	例外减免	例外减免税进出口货物

③加工贸易货物应按海关核发的登记手册中批注的征免性质填报相应的征免性质简称或代码。

④特殊情况填报要求如下：

A. 外商投资企业为加工内销产品而进口料件,填报"一般征税";

B. 加工贸易转内销货物,按实际应享受的征免性质填报;

C. 料件退运出口、成品退运进口的货物填报"其他法定";

D. 加工贸易结转货物,免填。

14)征税比例/结汇方式

(1)进口填报征税比例

征税比例原用于"进料非对口"贸易方式下进口料件的进口报关单,现该栏不需填报。

(2)出口填报结汇方式

结汇方式是指出口货物的发货人或其代理人收结外汇的方式。

按海关规定的《结汇方式代码表》选择填报相应结汇方式的名称或缩写或代码,如表5.6所示。

表5.6　结汇方式代码表

结汇方式代码	结汇方式名称
1	信汇(M/T)
2	电汇(T/T)
3	票汇(D/D)
4	付款交单(D/P)
5	承兑交单(D/A)

续表

结汇方式代码	结汇方式名称
6	信用证(L/C)
7	先出后结
8	先结后出
9	其他

15) 许可证号

许可证号是国务院商务主管部门及其授权发证机关签发的进出口货物许可证的编号。填报要求如下:

①许可证管理商品必须填报,非许可证管理商品本栏留空。注意这里填报的是"许可证"而非"许可证件"的编号,长度为 10 位字符。

②一张报关单只允许填报一个许可证号。

16) 起运国(地区)/运抵国(地区)

起运国是指进口货物起始发出的国家(地区)。运抵国是指出口货物直接运抵的国家(地区)。填报要求如下:

①本栏目应按海关规定的《国别(地区)代码表》选择填报相应的起运国(地区)或运抵国(地区)中文名称或代码。

②无实际进出境的,本栏目填报"中国"(代码 142)。

③对发生运输中转的货物,如中转地未发生任何商业性交易,则起、抵地不变,如中转地发生商业性交易,则中转地作为起运/运抵国(地区)填报。

例题

发票显示的运输路线 FROM SHANGHAI TO CHITTAGONG WITH TRANSHIPMENT AT SINGAPORE. ,而发票的抬头是新加坡某公司,说明在新加坡发生商业性交易,可判断运抵国为新加坡,而非孟加拉。

17) 装货港/指运港

装货港也称装运港,是指进口货物在运抵我国关境前的最后一个境外装运港。指运港是指出口货物运往境外的最终目的港。本栏目应根据实际情况按海关规定的《港口航线代码表》选择填报相应的港口中文名称或代码。具体填报要求如下：

①对于直接运抵货物，以货物实际装货的港口为装货港，货物直接运抵的港口为运抵港。

②对于发生运输中转的货物，中转港为装货港，指运港不受中转影响。

③对于无实际进出境的货物，本栏目填报"中国境内"（代码"0142"）。

18）境内目的地/境内货源地

境内目的地是指已知的进口货物在境内的消费、使用地区或最终运抵的地点。境内货源地是指出口货物在境内的生产地或原始发货地（包括供货地点）。填报要求如下：

①"境内目的地"栏和"境内货源地"栏均按《国内地区代码表》选择填报国内地区名称或代码，代码含义与经营单位代码前5位的定义相同。

②境内目的地和境内货源地要填报具体的行政区域。

③境内目的地以进口货物在境内的消费、使用地或最终运抵地为准。一般有以下几种情况：

A. 直接接受有外贸经营权的企业调拨物资的境内消费、使用单位所在地；

B. 委托有外贸经营权的企业进口货物的单位所在地；

C. 自行从境外进口货物的单位所在地；

D. 如难以确定进口货物的消费、使用单位，应以预知的进口货物最终运抵地区为准。

④境内货源地以出口货物的生产地为准。如出口货物在境内多次周转，不能确定生产地，应以最早的启运地为准。

19）批准文号

出口报关单本栏目用于填报《出口收汇核销单》编号。

20）成交方式

成交方式是指在进出口贸易中进出口商品的价格构成和买卖双方各自应承担的责任、费用和风险，以及货物所有权转移的界限。本栏目填报要求如下：

①本栏目应根据实际成交价格条款按海关规定的《成交方式代码表》填报相应的成交方式代码，如表5.7所示。

表5.7 成交方式代码表

成交方式代码	成交方式名称
1	CIF
2	C&F
3	FOB
4	C&I
5	市场价
6	垫仓

②无实际进出境的,进口填报CIF或其代码,出口填报FOB或其代码。

③如果采用"CPT"术语成交,本栏目填报"C&F";如果采用"FCA"术语成交,本栏目填报"FOB"。

21)运费

运费是指进出口货物从始发地至目的地的国际运输所需要的各种费用。填报要求如下:

①本栏目用于成交价格中不包含运费的进口货物或成交价格中含有运费的出口货物,即FOB进口或CIF,CFR出口,应填报该份报关单所含全部货物的国际运输费用。

②可按运费单价、总价或运费率三种方式之一填报,同时注明运费标记,并按海关规定的《货币代码表》选择填报相应的币种代码。

运费标记"1"表示运费率,"2"表示每吨货物的运费单价,"3"表示运费总价。

填纸质报关单时,本栏目不同的运费标记填报如下:

A.运费率:直接填报运费率的数值,如5%的运费率填报为"5"。

B.运费单价:填报运费币值代码+"/"+运费单价的数值+"/"+运费单价标记,如30美元的运费单价填报为"502/30/2"。

C.运费总价:填报运费币值代码+"/"+运费总价的数值+"/"+运费总价标记,如3 000美元的运费总价填报为"502/3 000/3"。

③运保费合并计算的,运保费填报在运费栏目中。

22)保费

保费是指进出口货物在国际运输过程中,由被保险人付给保险人的保险费用。填报要求如下：

①本栏目用于成交价格中不包含保险费的进口货物或成交价格中含有保险费的出口货物，即"FOB，CFR"进口或"CIF"出口，应填报该份报关单所含全部货物国际运输的保险费用。

②可按保险费总价或保险费率两种方式之一填报，同时注明保险费标记，并按海关规定的《货币代码表》选择填报相应的币种代码。保险费标记"1"表示保险费率，"3"表示保险费总价。

填纸质报关单时，本栏目不同的保费标记填报如下：

A. 保费率：直接填报保费率的数值，如：5‰的保险费率填报为"0.5"。

B. 保费总价：填报保费币值代码+"/"+保费总价的数值+"/"+保费总价标记。如500美元保险费总价填报为"502/500/3"。

③运保费合并计算的，运保费填报在运费栏目中，本栏目免予填报。

23) 杂费

杂费是指成交价格以外的、按照《中华人民共和国进出口关税条例》相关规定应计入完税价格或应从完税价格中扣除的费用。填报要求如下：

①可按杂费总价或杂费率两种方式之一填报，同时注明杂费标记，并按海关规定的《货币代码表》选择填报相应的币种代码。

填纸质报关单时，本栏目不同的杂费标记填报如下：

A. 杂费率：直接填报杂费率的数值。如：应计入完税价格的1.5%的杂费率填报为"1.5"；应从完税价格中扣除的1%的回扣率填报为"-1"。

B. 杂费总价：填报杂费币值代码+"/"+杂费总价的数值+"/"+杂费总价标记。如应计入完税价格的500英镑杂费总价填报为"303/500/3"。

②应计入完税价格的杂费填报为正值或正率，应从完税价格中扣除的杂费填报为负值或负率。如：在成交价格外需另行支付给卖方的佣金，属于应计入完税价格的杂费，应填为正值或正率；我方支付给采购代理人的购货佣金，或是国外卖方给我方的折扣等，属于应从完税价格中扣除的杂费，应填报为负值或负率。

③无杂费时，免填。

24) 合同协议号

本栏目应填报进（出）口货物合同（协议）的全部字头和号码。

25) 件数

件数是指有外包装的单件进出口货物的实际件数,货物可以单独计数的一个包装称为一件。填报要求如下:

①本栏目应填报有外包装的进(出)口货物的实际件数。

②本栏目不得填报为零,裸装与散装货物应填报为"1"。

③有关单据仅列明托盘件数,或者既列明托盘件数,又列明单件包装件数的,填报托盘数。如"3PALLET/S.T.C. 150CARTONS"本栏目填报"3"。

④有关单据既列明集装箱个数,又列明托盘件数、单件包装件数的,按以上要求填报;如果只列明集装箱个数,未列明托盘件数、单件包装件数的,填报集装箱数。

26) 包装种类

包装种类是指进出口货物在运输过程中外表所呈现的状态。填报要求如下:

①本栏目应填报进出口货物的实际外包装的名称。常见的包装种类中英文名称如表5.8所示。

②如果有多种包装材料,统报为"其他"。件数是各种包装的合计数。

表5.8　包装种类表

中文名称	英文名称
木箱	(WOODEN) CASE
纸箱	CARTONS/CTNS
桶装	DRUM/BARREL
包	BALES/BLS
散装	BULK
裸装	NUDE
托盘	PALLET

27) 毛重

毛重是指货物及其包装材料的重量之和。填报要求为:本栏目填报进(出)口货物实际毛重,计量单位为千克,不足1千克的填报为"1"。

28）净重

净重是指货物的毛重减去外包装材料后的重量,即商品本身的实际重量。填报要求如下:

本栏目填报进(出)口货物的实际净重,计量单位为千克,不足1千克的填报为"1"。

29）集装箱号

集装箱号是在每个集装箱箱体两侧标示的全球唯一的编号。填报要求如下:

①在填制纸质报关单时,按照"集装箱号"+"/"+"规格"+"/"+"自重"方式填报,如"COSU8491952/20/2275"。多个集装箱的,第一个集装箱号填报在本栏目,其余填报在"标记唛码及备注"栏内。

②非集装箱货物,填报为"0"。

30）随附单据

随附单据是指随进(出)口货物报关单一并向海关递交的单证或文件,包括发票、装箱单、提单、运单等基本单证,监管证件、征免税证明、外汇核销单等特殊单证和合同,信用证等预备单证。填报要求如下:

①基本单证和预备单证不在本栏目填报,"随附单据"栏仅填报除进出口许可证之外的监管证件的代码及编号。

②本栏目分为随附单据代码和随附单据编号两项,其中代码应按海关规定的《监管证件名称代码表》选择填报相应证件的代码填报;编号应填报监管证件编号,格式为:监管证件代码+":"+监管证件编号,如表5.9所示。

表5.9　监管证件名称代码表

监管证件代码	监管证件名称
1	进口许可证
4	出口许可证
5	纺织品临时出口许可证
7	自动进口许可证
A	入境货物通关单

续表

监管证件代码	监管证件名称
B	出境货物通关单
E	濒临物种允许出口许可证
F	濒临物种允许进口许可证
O	自动进口许可证(新旧机电产品)
P	固体废物进口许可证
Y	原产地证明
t	关税配额证明

③所申报货物涉及多个监管证件的,第一个监管证件代码和编号在本栏目填报,其余填报在"标记唛码及备注"栏。

④原产地证书相关内容的填报:

A.实行原产地证书联网管理的,在本栏随附单证代码项下填写"Y",在随附单证编号项下的"<>"内填写优惠贸易协定代码。例如香港地区 CEPA 项下进口商品,应填报为:"Y:<03>"。

B.未实行原产地证书联网管理的,在报关单"随附单据"栏随附单证代码项下填写"Y",在随附单证编号项下"<>"内填写优惠贸易协定代码 +":"+需证商品序号,如表5.10所示。例如《曼谷协定》项下进口报关单中第1到第3项和第5项为优惠贸易协定项下商品,应填报为:"Y:<01:1~3,5>"。

表5.10　进口货物优惠贸易协定代码表

代　码	优惠贸易协定
01	属于"亚太贸易协定"项下的进口货物
02	属于"中国—东盟自由贸易区"项下的进口货物
03	属于"内地与香港地区紧密经贸关系安排"(香港地区 CEPA)项下的进口货物
04	属于"内地与澳门地区紧密经贸关系安排"(澳门地区 CEPA)项下的进口货物
05	属于"对非洲特惠待遇"项下的进口货物
06	属于"台湾水果零关税措施"项下的进口货物
07	属于"中巴自贸区"项下的进口货物
08	属于"中智自贸区"项下的进口货物

C.一份原产地证书只能对应一份报关单,同一份报关单上的商品不能同时

享受协定税和减免税。

D.在一票进口货物中,对于实行原产地证书联网管理的,如涉及多份原产地证书或含非原产地证书商品,应分单填报。

E.报关单上申报商品的计量单位必须与原产地证书上对应商品的计量单位一致。

31)用途/生产厂家

用途是指进口货物在境内应用的范围。生产厂家是指出口货物的境内生产企业的名称。填报要求如下:

①进口货物填报用途,应根据进口货物的实际用途,按海关规定的《用途代码表》选择填报相应的用途代码,如表5.11所示。如"企业自用"填报"04"。

表5.11　用途代码表

代　码	用　途
01	外贸自营内销
02	特区内销
03	其他内销
04	企业自用
05	加工返销
06	借用
07	收保证金
08	免费提供
09	作价提供
10	货样、广告品
11	其他
13	以产顶进

常见用途说明:

A.外贸自营内销(01):有外贸进出口经营权的企业,在其经营范围内以正常方式成交的进口货物。

B.其他内销(03):进料加工转内销部分、来料加工转内销货物以及外商投资企业进口供加工内销产品的料件。

C.企业自用(04):进口本单位(企业)自用的货物,如外商投资企业以及特殊区域内的企、事业和机关单位进口自用的机器设备等。

D. 加工返销(05)：来料加工、进料加工、补偿贸易和外商投资企业为了履行产品出口,从国外进口料件,用于国内加工后返销境外。

E. 借用(06)：从境外租借进口,在规定的使用期满后退运出境外的进口货物,如租赁贸易进口货物。

F. 收保证金(07)：由担保人向海关缴纳现金的一种担保形式。

G. 免费提供(08)：免费提供的进口货物,如无偿援助、捐赠、礼品等进口货物。

H. 作价提供(09)：我方与外商签订合同协议,规定由外商作价提供进口的货物,事后出我方支付或从我方出口货款中或出口加工成品的加工费中扣除,如来料加工贸易进口设备等。

②生产厂家指出口货物的境内生产企业。本栏目供必要时填报。

32)标记唛码及备注

标记唛码是运输标记的俗称,进出口货物报关单上的标记唛码专指货物的运输标记。其填报要求如下：

①标记唛码中除图形以外的文字、数字。

②受外商投资企业委托,代理其进口投资设备、物品的进出口企业名称,格式为:"委托 *** 公司进口"。

③填报关联备案号。与本报关单有关联关系的,同时在业务管理规范方面又要求填报的备案号,如加工贸易结转货物及凭《征免税证明》转内销货物,其对应的备案号应填报在本栏,格式为:"转至(自)*** 手册"。

④填报关联报关单号。与本报关单有关联关系的,同时在业务管理规范方面又要求填报的报关单号,应填报在本栏。

⑤所申报货物涉及多个监管证件的,除第一个监管证件外的其余监管证件和代码。

⑥所申报货物涉及多个集装箱的,除第一个集装箱号以外的其余集装箱号。

⑦其他申报时必须说明的事项。

33)项号

项号是指申报货物在报关单中的商品排列序号。其填报要求如下：

①一张纸质报关单最多可打印 5 项商品,纸质报关单表体共有 5 栏,可另外附带 3 张纸质报关单,合计一个报关单编号下的一份报关单最多可打印 20 项商品。

②本栏目分两行填报及打印：第一行打印报关单中的商品排列序号；第二行专用于加工贸易和实行原产地证书联网管理等已备案的货物，填报和打印该项货物在《加工贸易手册》中的项号和对应的《原产地证书》上的商品项号。

加工贸易合同项下进出口货物，必须填报与《加工贸易手册》一致的商品项号，所填报项号用于核销对应项号下的料件或成品数量。

如一张加工贸易料件进口报关单上某项商品的项号是上"03"、下"027"，说明其位列报关单申报商品第3项，且对应加工贸易登记手册备案料件第27项。

③特殊情况填报要求如下：

A. 深加工结转货物，分别按照《加工贸易手册》中的进口料件项号和出口成品项号填报。

B. 料件结转货物（包括料件、成品和半成品折料），出口报关单按照转出《加工贸易手册》中进口料件的项号填报；进口报关单按照转进《加工贸易手册》中进口料件的项号填报。

C. 料件复出货物（包括料件、边角料、来料加工半成品折料），按照《加工贸易手册》中进口料件的项号填报；料件退换货物（包括料件，不包括半成品），出口报关单按照《加工贸易手册》中进口料件的项号填报。

D. 成品退运货物，退运进境报关单和复运出境报关单按照《加工贸易手册》原出口成品的项号填报。

E. 加工贸易料件转内销货物（及按料件补办进口手续的转内销成品、半成品、残次品），应填制进口报关单，本栏目填报《加工贸易手册》进口料件的项号。加工贸易边角料、副产品内销，本栏目填报《加工贸易手册》中对应的料件项号。当边角料或副产品对应一个以上料件项号时，填报主要料件项号。

F. 加工贸易成品凭《征免税证明》转为享受减免税进口货物的，应先办理进口报关手续。进口报关单本栏目填报《征免税证明》中的项号，出口报关单本栏目填报《加工贸易手册》原出口成品项号，进、出口报关单货物数量应一致。

G. 加工贸易料件、成品放弃，本栏目应填报《加工贸易手册》中的项号。半成品放弃的应按单耗折回料件，以料件放弃申报，本栏目填报《加工贸易手册》中对应的料件项号。

H. 加工贸易副产品退运出口、结转出口或放弃，本栏目应填报《加工贸易手册》中新增的变更副产品的出口项号。

I. 经海关批准实行加工贸易联网监管的企业，对按海关联网监管要求企业需申报报关清单的，应在向海关申报货物进出口（包括形式进出口）报关单前，向海关申报"清单"。一份报关清单对应一份报关单，报关单商品由报关清单归

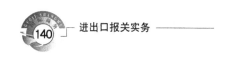

---

并而得。加工贸易电子账册报关单中项号、品名、规格等栏目的填制规范比照《加工贸易手册》。

34)商品编号

商品编号是指按《税则》确定的进出口货物的商品编号。其填报要求如下:

①此栏目填报《中华人民共和国海关进出口税则》8位税则号列,有附加编号的,还应填报商品编号附加的第9,10位附加编号。

②《加工贸易手册》中商品编号与实际商品编号不符的,应按实际商品编号填报。

35)商品名称、规格型号

商品名称是指进出口货物规范的中文名称。商品的规格型号是指反映商品性能、品质和规格的一系列指标,如品牌、等级、成分、含量、纯度、大小、长短、粗细等。其填报要求如下:

①本栏目分两行填报。第一行填报进出口货物规范的中文商品名称,必要时可加注原文;第二行填报规格型号。

②商品名称及规格型号应据实填报,并与所提供的商业发票相符。

③商品名称应当规范,规格型号应当足够详细,以能满足海关归类、审价及许可证件管理要求为准。根据商品属性,本栏目填报内容包括:品名、牌名、规格、型号、成分、含量、等级、用途、功能等。

④加工贸易等已备案的货物,本栏目填报录入的内容必须与备案登记中同项号下货物的名称与规格型号一致。

⑤对需要海关签发《货物进口证明书》的车辆,商品名称栏应填报"车辆品牌+排气量(注明cc)+车型(如越野车、小轿车等)"。进口汽车底盘可不填报排气量。车辆品牌应按照《进口机动车辆制造厂名称和车辆品牌中英文对照表》中"签注名称"一栏的要求填报。规格型号栏可填报"汽油型"等。

⑥同一收货人使用同一运输工具同时运抵的进口货物应同时申报,视为同一报验状态,据此确定其归类。成套设备、减免税货物如需分批进口,货物实际进口时,应按照实际报验状态确定归类。

⑦加工贸易边角料和副产品内销、边角料复出口,本栏目填报其报验状态的名称和规格型号。属边角料、副产品、残次品、受灾保税货物且按规定需加以说明的,应在本栏目中填注规定的字样。

⑧一份报关单最多允许填报20项商品。

36) 数量及单位

数量及单位是指进出口商品的实际数量及计量单位。计量单位分为成交计量单位和海关法定计量单位。海关法定计量单位又分为海关法定第一计量单位和海关法定第二计量单位,以《海关统计商品目录》中的规定为准。填报要求如下:

① 本栏目分三行填报及打印。具体填报要求如下:

A. 进出口货物必须按海关法定计量单位填报,法定第一计量单位及数量填报在本栏目第一行。

B. 凡海关列明第二计量单位的,必须报明该商品第二计量单位及数量,填报在本栏目第二行。无第二计量单位的,本栏目第二行为空。

C. 以成交计量单位申报的,须填报与海关法定计量单位转化后的数量,同时须将成交计量单位及数量填报在第三行。如成交计量单位与海关法定计量单位一致时,本栏目留空。

② 法定计量单位为"千克"的数量填报,特殊情况下填报要求如下:

A. 装入可重复使用的包装容器的货物,按货物的净重填报,如罐装同位素、罐装氧气及类似品等,应扣除其包装容器的重量。

B. 使用不可分割包装材料和包装容器的货物,按货物的净重填报(即包括内层直接包装的净重重量),如采用供零售包装的酒、罐头、化妆品及类似品等。

C. 按照商业惯例以公量重计价的商品,应按公量重填报,如未脱脂羊毛、羊毛条等。

D. 采用以毛重作为净重计价的货物,可按毛重填报,如粮食、饲料等价格较低的农副产品。

E. 成套设备、减免税货物如需分批进口,货物实际进口时,应按照实际报验状态确定数量。

F. 根据 HS 归类规则,零部件按整机归类的,法定第一数量填报"0.1",有法定第二数量的,按照货物实际净重申报。

G. 具有完整品或制成品基本特征的不完整品、未制成品,按照 HS 归类规则应按完整品归类的,申报数量按照构成完整品的实际数量申报。

③ 加工贸易等已备案的货物,成交计量单位必须与《加工贸易手册》中同项号下货物的计量单位一致,不一致时必须修改备案或转换一致后填报。

37) 原产国(地区)/最终目的国(地区)

原产国(地区)是指进口货物的生产、开采或加工制造国家(地区)。对于经过几个国家或地区加工制造的进口货物,以对货物进行加工并产生实质性改变的国家或地区作为该货物的原产国(地区)。最终目的国(地区)是指已知的出口货物最终实际消费、使用或进一步加工制造的国家(地区)。其填报要求如下:

①本栏目应按海关规定的《国别(地区)代码表》选择填报相应的国家(地区)名称或代码。

②加工贸易报关单特殊情况填报要求为:

A.料件结转货物,出口报关单填报"中国"(代码142),进口报关单填报原料件生产国。

B.深加工结转货物和以产顶进货物,进出口报关单均填报"中国"(代码142)。

C.料件复运出境货物,填报实际最终目的国;加工出口成品因故退运境内的,填报"中国"(代码142),复运出境时填报实际最终目的国(地区)。

D.出口加工区运往区外的货物,原产国(地区)按实际填报,即对于未经加工的进口货物,填报货物原进口时的原产国(地区);对于经加工的成品或半成品,按现行原产地规则确定原产国(地区);区外运入出口加工区的货物,最终目的国为中国。

③进口货物的原产国(地区)无法确定时,报关单"原产国(地区)"栏应填报"国别不详"或"701"。

④一份原产地证书只能对应一份报关单。在一票进口货物中,对于实行原产地证书联网管理的,如涉及多份原产地证书或含非原产地证书商品,应分单填报。

38) 单价

单价是指商品的一个计量单位以某一种货币表示的价格。一个完整的单价包括计价货币、单位价格金额、计量单位、价格术语4个部分。如果含佣金和折扣,也应注明。填报要求如下:

①本栏目应填报同一项号下进出口货物实际成交的商品单位价格。单价如果不是整数,小数点后保留4位。如原始单据显示单价条款为:USD31.68 PER DOZEN CIF LONDON,则本栏填报"31.68"。

②无实际成交价格的,本栏目填报货值。

39) 总价

总价是指进出口货物实际成交的商品总值。填报要求如下:

①本栏目应填报同一项号下进出口货物实际成交的商品总价。总价如果不是整数,小数点后保留 4 位。如原始单据显示:"TOTAL AMOUNT: USD56234.16",则本栏填报"56234.16"。

②无实际成交价格的,本栏目填报货值。

40) 币制

币制是指进出口货物实际成交价格的币种。填报要求如下:

①本栏目应根据实际成交情况按海关规定的《货币代码表》选择填报相应的货币名称或代码或符号。

②《货币代码表》中无实际成交币种的,需转换后填报,如表5.12所示。

表 5.12　币制代码表

币制代码	币制符号	币制名称
110	HKD	港币
116	JPY	日元
121	MOP	澳门元
132	SGD	新加坡元
142	CNY	人民币
300	EUR	欧元
302	DKK	丹麦克朗
303	GBP	英镑
330	SEK	瑞典克朗
331	CHF	瑞士法郎
501	CAD	加拿大元
502	USD	美元
601	AUD	澳大利亚元

41) 征免

征免是指海关对进出口货物进行征税、减税、免税或特案处理的实际操作方式。其填报要求如下:

①本栏目应按照海关核发的《征免税证明》或有关政策规定,对报关单所列每项商品选择填报海关规定的《征减免税方式代码表》中相应的征减免税方式

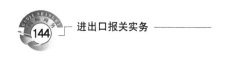

的名称,如表5.13 所示。

表5.13　征减免税方式代码表

征减免税方式代码	征减免税方式名称
1	照章征税
2	折半征税
3	全免
4	特案
5	随征免性质
6	保证金
7	保函
8	折半补税
9	全额退税

②加工贸易报关单应根据《加工贸易手册》中备案的征免规定填报。

③《加工贸易手册》中备案的征免规定为"保金"或"保函"的,不能按备案的征免规定填报,而应填报"全免"。

主要征减免税方式说明:

A. 照章征税指对进出口货物依照法定税率计征各类税、费。

B. 折半征税指依照主管海关签发的征免税证明或海关总署的通知,对进出口货物依照法定税率折半计征关税和增值税,但照章征收消费税。

C. 全免指依照主管海关签发的征免税证明或海关总署的通知,对进出口货物依照法定税率免征关税和增值税,但照章征收消费税。

D. 特案指依照主管海关签发的征免税证明或海关总署的通知规定的税率计征各类税、费。

E. 随征免性质指对某些监管方式下进出口的货物按照征免性质规定的特殊计税公式或税率计征税、费。

F. 保证金指经海关批准具保放行的货物,由担保人向海关缴纳现金的一种担保形式。

G. 保函指担保人根据海关的要求,向海关提交的订有明确权利义务的一种担保形式。

42) 税费征收情况

本栏目供海关批注进(出)口货物税费征收及减免情况。

43）录入员

本栏目用于记录预录入操作人员的姓名并打印。

44）录入单位

本栏目用于记录并打印电子数据报关单的录入单位名称。

45）填制日期

填制日期是指报关单的填制日期。填报要求为：电子数据报关单的填制日期由计算机自动打印，为8位数字，顺序为年（4位）、月（2位）、日（2位）。

46）申报单位

申报单位是指经海关注册登记，有权向海关办理报关手续，并对其申报内容的真实性、有效性、合法性直接向海关负责的中国境内企业或单位。其填报要求如下：

①自理报关的，应填报进（出）口货物的经营单位中文名称及编码。

②委托代理报关的，应填报经海关批准的报关企业中文名称及编码。

47）海关审单批注栏

本栏目指供海关内部作业时签注的总栏目，由海关关员手工填写在预录入报关单上。其中"放行"栏填写海关对接受申报的进出口货物做出放行决定的日期。

自 测 题

一、报关单分栏目填制练习

1. 北京某纺织加工贸易企业，将来料加工后的产品，从北京海关车站办事处（关区代码0111）结转给天津武清某纺织厂，继续深加工出口。其进口报关单上的"进口口岸"应填报为（　　　）。

　　A. 天津海关（0200）　　　　　　B. 北京海关（0100）

　　C. 北京海关车站办事处（0111）　　D. 武清海关（0210）

2. 北京平谷某服装进出口公司，经海关批准，将原从日本海运至天津新港的加工贸易服装面料转为内销。其在北京平谷海关（关区代码0110）办理补税时的进口货物报关单上的"进口口岸"应填报为(　　)。

A. 北京海关(0100)　　　　　　　B. 天津海关(0200)

C. 新港海关(0202)　　　　　　　D. 平谷海关(0110)

3. 广州东莞某进出口公司铁路运输出口至德国服装一批,在深圳笋岗海关(关区代码5306)申报装车后,经北京、哈尔滨、满洲里出境。其转关运输货物报关单上的"出口口岸"填报为(　　)。

A. 笋岗海关(5306)　　　　　　　B. 满洲里海关(0609)

4. 北京机械进出口公司(经营单位代码1101910090)委托澳门永泰进出口公司代为进口德国产机械设备一批。其进口货物报关单上的"经营单位"应填报为(　　)。

A. 澳门永泰进出口公司　　　　B. 北京机械进出口公司(1101910090)

5. 北京东方进出口公司(海关注册编码1105950001)代包头市电子仪器厂(海关临时注册编码1502990006)进口意大利产电子测试仪一套。其进口货物报关单上的"收货单位"应填报为(　　)。

A. 北京东方进出口公司(1105950001)　　B. 包头市电子仪器厂

C. 包头市电子仪器厂(1502990006)

6. 日本(国别代码116)某公司,从美国(国别代码502)购买仪器30套,又立即卖给中国。该仪器由美国装船运抵我国,其进口货物报关单的"起运国"应填报为(　　)。

A. 日本　　　　　　　　　　　　B. 美国

7. 某服装技工贸易企业,因部分服装加工质量问题,退运进口,原来料加工出口日本(国别代码116)的服装一批。其进口货物报关单上的"原产国(地区)"应填报为(　　)。

A. 日本(116)　　　　　　　　　B. 中国(0142)

8. 某公司向中国香港(代码为110)某公司出口产品一批,该公司又将货物直接卖给日本(116)某公司。其出口货物报关单上"最终目的国"栏目应填报为(　　)。

A. 中国香港(110)　　　　　　　B. 日本(116)

9. 某进出口公司向荷兰出口设备一批。该设备在天津新港装船后,经中国香港港(港口航线代码1039)、马来西亚的马六甲港(港口航线代码1393)运往荷兰鹿特丹港(港口航线代码2309)。其出口货物报关单上的"指运港"应填报为(　　)。

A. 香港港(1039)　　　　　　　B. 马六甲港(1393)

C. 鹿特丹港(2309)

10. 某贸易公司采用 H2000 通关系统向海关申报,海运进口 CEPA 项下的水产品一批。报关时,该单位向海关提供的《原产地证明书》编号为:20050198111。目前,国家有关部门对上述商品的进口管理已采用原产地证明书网络系统管理。其进口货物报关单上的"备案号"应填报为(　　)。

　　A. Y　　　　　　　　　　　B. Y. 20050198111

11. 某进出口公司利用航空快递运输进口检测仪样品 2 件,其进口货物报关单上的运输方式应填报为(　　)。

　　A. 邮件运输(运输方式代码6)　B. 航空运输(运输方式代码5)

12. 某进出口企业采用 H2000 通关系统直接在进境地海关申报进口海运货物一批,入境地货物的运输船舶名称为:HANG HE,船舶编号:11065。其进口货物报关单上的"运输工具名称"应填报为(　　)。

　　A. HANG HE　　　　　　　　B. 11065

13. 同上题,其进口货物报关单上的"航次号"应填报为(　　)。

　　A. HANG HE　　　　　　　　B. 11065　　　　　　C. 免填

14. 某公司采用 H2000 通关系统直接向进境地海关申报海运进口货物一批,该批货物的总提运单号为:STTX23456,分提单号为:STTX23456A。其进口货物报关单上的"提运单号"应填报为(　　)。

　　A. STTX23456　　　　　　　B. STTX23456A

　　C. STTX23456 ＊ STTX23456A

15. 某公司采用 H2000 系统向海关申报海运进口光缆 1 000 盘,共 300 000 m,提单显示为 10 个托盘。其进口货物报关单上的"件数"应填报为(　　)。

　　A. 1 000 盘　　　　B. 300 000 m　　　　C. 10

16. 某公司进口散装小麦 5 000 t,其进口货物报关单上的"净重"应填报为(　　)。

　　A. 5 000 t　　　　　　　　　B. 5 000 000 kg

17. 某公司采用 H2000 系统向海关申报进口裸装大型设备一批。其进口货物报关单上的"集装箱号"应填报为(　　)。

　　A. 免填　　　　　　　　　　B. 0

18. 某企业将原来料加工的进口料件加工后,结转给国内另一家加工贸易企业,继续加工后出口。其进口货物报关单上"征免性质"应填报为(　　)。

　　A. 免填　　　　　　　　　　B. 来料加工(征免性质代码502)

19. 某企业海运进口设备一批,向海关申报时所提供的发票上显示:成交条件为 FOB(成交方式代码3)新港。其进口货物报关单上"成交方式"应填报为

(   )。

    A. 3(FOB)   B. FOB

20. 某公司采用 H2000 系统向海关申报海运出口货物一批,申报时向海关提供的发票上显示:成交条件为 CIF 新港,其中运费为 1 200 美元,保费率为 0.3%。其出口货物报关单上的"运费"应填报为(   )。

    A. 免填   B. 3/1 200/502

21. 某进出口公司采用 H2000 系统向海关申报海运进口货物一批,申报时向海关提供的发票上显示:成交条件为 CIF 新港,并且发票单独列明安装及技术培训费 30 000 美元。其进口货物报关单上的"杂费"应填报为(   )。

    A. 3、-30 000、502   B. 502/-30 000/3

22. 某进出口公司采用 H2000 系统向海关申报,一般贸易进口原产于香港地区的货物一批,该批货物中有两项属于 CEPA 项下商品,优惠贸易协定代码:03。申报时向海关提供的该两项商品的《原产地证明书》(见关证件名称代码 Y)编号为:HK05019811321。在报关单上的填报顺序为第 2,6 项商品。国家对上述商品的进口已采用原产地证明书网络系统管理。其进口货物报关单上的"随附单据"应填报为(   )。

    A. Y,＜03＞   B. Y,＜03:2,6＞

23. 某服装加工贸易企业,向海关申报出口,将部分经修理后的原来料加工服装复运出境。其出口货物报关单上的"贸易方式"应填报为(   )。

    A. 来料成品退换(代码 4400)   B. 退运货物(代码 4561)

24. 某公司经当地商务局批准,将原进料加工后的成品转为内销。其进口货物报关单上的"贸易方式"应填报为(   )。

    A. 进料加工(代码 0615)   B. 进料料件内销(代码 0644)

25. 某进出口公司采用 H2000 系统向海关申报,出口来料加工成品服装一批,报关时,向海关提供的货物发票上的"结汇方式"为 L/C(信用证,代码 6)。其出口货物报关单上的"结汇方式"应填报为(   )。

    A. L/C   B. 信用证(6)

26. 某进出口公司采用 H2000 系统向海关申报,一般贸易海运进口医用 X 光机部件 10 台。报关时向海关提供的商业发票显示:品名:医用 X 光机控制台,货物型号为:ABC-1234。其进口货物报关单上的"商品名称、规格型号"应填报为(   )。

    A. 医用 X 光机部件   ABC-1234

    B. 医用 X 光机控制台   ABC-1234

27.同上题,商业发票显示货物单价:5 000 美元/台 CIF 新港,货物总价 50 000美元。其进口货物报关单上的"总价"应填报为(   )。

    A. 50 000   B. 50 000 美元

二、报关单的填制

1. 出口报关单的填制

资料一:

经营单位:江苏东星进出口公司(海关注册编号为2302567890),发货单位:南通羽绒服装厂(海关注册编号为:2302987651)。该批货物的分列编号为C22074100502,登记手册备案成品第 2 项。商品编码:6201.9310。计量单位:件。外汇核销单编号为:00001。出境货物通关单编号:321100203024435。运费:USD2100。

2004 年 5 月 28 日向南京海关(关区代码2300)申报。

资料二:

表 5.14 发货单

INVOICE

NO.   67612313   APRIL 28, 2004

TO: JL COLEBROOD(DIWISION OF G-LL   SHIPPED PER S.S.   CHAO HE V. 02386

    APPAREL GROUP   LIMITED   DATE SHIPPED   APRIL 28,2004

    345 WEST STREET, NEWYORK   DESTINATION   NEW YORK,

Marks & Nos.	Description of Goods	Amount
		CFR NEW YORK
G-LL	MEN'S NYLON DOWN JACKETS	
NEW YORK	HS NO. 6201. 93. 1000	
	JHD-001J7612NY	
	1800PCS	
	@USD21. 68 PER PC................. USD39024. 00	
PACKED IN 150 CARTONS ONLY		
G. W. 16200KGS		
N. W. 14400KGS		
M. 25M3		
AS PER L/C NO. 9300666		
AS PER S/C NO. 581236		
B/L NO. LU02345R3058		
	JIANGSU EASTAR IMP. & EXP. CORP.	
	16 MOVHOU ROAD, NANJING , CHINA	

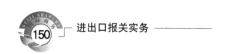

表 5.15　出口货物报关单

中华人民共和国海关出口货物报关单

预录入编号：　　　　　　　　　　　　　　　　　　　海关编号：

出口口岸		备案号		出口日期	申报日期
经营单位		运输方式		运输工具名称	提运单号
发货单位		贸易方式		征免性质	结汇方式
许可证号		运抵国(地区)		指运港	境内货源地
批准文号		成交方式	运费	保费	杂费
合同协议号		件数	包装种类	毛重/kg	净重/kg
集装箱号		随附单据		生产厂家	

标记唛码及备注

项号　商品编号　商品名称、规格型号　数量及单位　最终目的国(地区)　单价　总价　币制　征免

税费征收情况

录入员　　录入单位	兹声明以上申报无讹并承担法律责任	海关审单批注及放行日期(签章)
报关员		审单　　　审价
单位地址	申报单位(签章)	征税　　　统计
邮编　　　电话	填制日期	查验　　　放行

2. 进口报关单的填制

广西佳迅进出口公司(单位代码为 4501987654)经广西机电办批准(批文号码为桂机批第 12345 号),与美国一家公司签订了购买一台 400 kW 日本直流发电机(商品编码为 85014632,合同号码为 JP987654),成交价为 CIF5 000 美元,标记唛码为 ZL-400/GX,于 2005 年 11 月 10 日装"大东丸"船由东京运抵广州港,提单号为 YY-456,由一个木箱包装,包装重量 1 500 kg,电机自重 1 400 kg,经办理转关运输手续后,该公司于 11 月 15 日向南宁海关办理进出口报关手续。随附单证有发票、装箱单、提单、商检证,总运费为 600 美元,保费率 1%。

请根据提供的情况,将没有填写的项目按海关规定在报关单上补充填制完整,如表 5.16 所示。

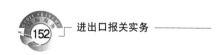

表 5.16　进口货物报关单

中华人民共和国海关进口货物报关单

预录入编号：　　　　　　　　　　　　　　　　　　　　海关编号：

出口口岸	备案号		进口日期	申报日期
经营单位	运输方式		运输工具名称	提运单号
收货单位	贸易方式		征免性质 一般征税	征税比例
许可证号	起运国（地区）		装货港	境内目的地
批准文号 0771756	成交方式	运费	保费	杂费
合同协议号	件数	包装种类	毛重/kg	净重/kg
集装箱号	随附单据		用途 外货自营内销	
标记唛码及备注				

项号　商品编号　商品名称、规格型号　数量及单位　原产国（地区）　单价　总价　币制　征免

税费征收情况	
录入员　　　录入单位	兹声明以上申报无讹并承担法律责任
报关员	
单位地址	申报单位（签章）
邮编　　　电话	
	填制日期

海关审单批注及放行日期（签章）
审单　　　审价
征税　　　统计
查验　　　放行

第6章
进出口货物报关流程

【本章导读】

报关是指进出口货物收发货人、运输工具负责人、物品所有人或其代理人按照海关的规定,办理货物、物品、运输工具进出境及相关海关事务的手续和步骤。本章涉及的内容主要限于进出境货物的报关,全章通过对各类进出口货物的含义、特点的掌握,主要学习从一般贸易到转关运输等各类进出口货物报关的程序、要点及海关对其特殊的监管要求。

6.1 一般进出口货物的报关流程

6.1.1 一般进出口货物的基本知识

1)一般进出口货物的概念

一般进出口货物是指在进出境环节缴纳了应征的进出口税费并办结了所有必要的海关手续,海关放行后不再进行监管的进出口货物,亦指按照海关一般进出口监管制度监管的进出口货物。它不等同于一般贸易货物,按一般贸易交易方式成交的货物在进出口时只有其按"一般进出口"监管制度办理海关手续时,才称其为一般进出口货物。

2)一般进出口货物的特点

一般进出口货物具备以下特点:进出境时缴纳完结进出口税费;进出口时提交相关的许可证件;海关放行即意味海关结束海关监管。

3)一般进出口货物的范围

除特定减免税货物以外的实际进出口货物都属于一般进出口货物的范围,具体包括:

①不享受特定减免税或不准予保税的一般贸易进口货物;

②转为实际进口的原保税进口货物;

③转为实际进口或出口的原暂准进出境货物;

④易货贸易、补偿贸易进出口货物;

⑤不准予保税的寄售代销贸易货物;

⑥承包工程项目实际进出口货物;

⑦边境小额贸易进出口货物;

⑧外国驻华商业机构进出口陈列用的样品;

⑨外国旅游者小批量订货出口的商品;

⑩随展览品进出境的小卖品;

⑪实际进出口货样广告品;

⑫免费提供的进口货物,包括:外商在经济贸易活动中赠送的进口货物;外商在经济贸易活动中免费提供的试车材料等;我国在境外的企业、机构向国内单位赠送的进口货物。

6.1.2 一般进出口货物的报关流程

一般进出口货物报关程序由4个环节构成,即:

进出口申报 → 配合查验 → 缴纳税费 → 提取装运货物

1)进出口申报

申报时间:进口货物的申报期限为自装载货物的运输工具申报进境之日起14日内。申报期限的最后一天是法定节假日或休息日的,顺延至法定节假日或休息日后的第一个工作日。出口货物的申报期限为货物运抵海关监管区后、装货的24小时以前。经海关批准准予集中申报的进口货物,自装载货物的运输工具申报进境之日起1个月内办理申报手续。经电缆、管道或其他特殊方式进出境的货物,进出口货物收发货人或其代理人应当按照海关的规定定期申报。

进口货物的收货人未按规定期限向海关申报的,由海关按规定征收滞报金。进口货物自装载货物的运输工具申报进境之日起超过3个月仍未向海关申报的,货物由海关提取依法变卖处理。对属于不宜长期保存的货物,海关可以根据实际情况提前处理。

申报地点:进口货物应当由收货人或其代理人在货物的进境地海关申报;出口货物应当由发货人或其代理人在货物的出境地海关申报。经收发货人申请,海关同意,进口货物的收货人或其代理人可以在设有海关的货物指运地、出口货物的发货人或其代理人可以在设有海关的货物启运地申报。以保税、特定减免税和暂准进境申报进口或进境的货物,因故改变使用目的从而改变货物性质为一般进口时,进口货物的收货人或其代理人应当在货物所在地的主管海关申报。

申报单证:申报单证分为主要单证、随附单证两大类,其中随附单证包括基本单证、特殊单证和预备单证。准备申报的单证是申报工作的第一步,要使报关工作顺利进行,基本单证、特殊单证、预备单证必须齐全、有效、合法。主要单证就是报关单(证);基本单证是指进出口货物的货运单据和商业单据,包括进口提货单据、出口装货单据、商业发票、装箱单等;特殊单证主要是指进出口许可证件、加工贸易登记手册(包括电子的和纸质的)、特定减免税证明、作为特殊货物进出境证明的原进出口货物报关单证、出口收汇核销单、原产地证明书等;预备单证主要是指贸易合同、进出口企业的有关证明文件等。

2)配合查验

海关查验是指海关依法确定进出境货物的性质、价格、数量、原产地、货物状况等是否与报关单上已申报的内容相符,对货物进行实际检查的行政行为。海关通过查验,核实有无伪报、瞒报、申报不实等走私、违规行为,同时也为海关的征税、统计、后续管理提供可靠的资料。

查验地点:查验一般在海关监管区内进行。对进出口大宗散货、危险品、鲜活商品、落驳运输的货物,经货物收发货人或其代理人申请,海关也可同意在装卸作业的现场进行查验。在特殊情况下,经货物收发货人或其代理人申请,海关可派员到海关监管区以外的地方查验货物。

查验时间:当海关决定查验时,即将查验的决定以书面通知的形式通知进出口货物收发货人或其代理人,约定查验的时间。查验时间一般约定在海关正常工作时间内。但是在一些进出口业务繁忙的口岸,海关也可应进出口货物收发货人或其代理人的请求,在海关正常工作时间以外安排查验作业。

3)缴纳税费

进出口货物收发货人或其代理人在规定时间内凭海关开具的税款缴款书或收费票据向指定银行办理税费交付手续;在试行中国电子口岸网上缴税和付费的海关,进出口货物收发货人或其代理人可以通过电子口岸接收海关发出的税款缴款书和收费票据,在网上向签有协议的银行进行电子支付税费。一旦收到银行缴款成功的信息,即可报请海关办理货物放行手续。

4)提取或装运货物

海关接受进出口货物的申报,审核电子数据报关单和纸质报关单及随附单证、查验货物、征收税费后,由海关在进口货物提货凭证或者出口货物装货凭证上签盖"海关放行章"。进口货物收货人或其代理人签收海关加盖"海关放行章"戳记的进口提货凭证(提单、运单、提货单等),凭此到货物进境地的港区、机场、车站、邮局等地的海关监管仓库提取进口货物。出口货物发货人或其代理人签收海关加盖"海关放行章"戳记的出口装货凭证(运单、装货单、场站收据等),凭此到货物出境地的港区、机场、车站、邮局等地的海关监管仓库办理将货物装运上运输工具运离关境的手续。

在实行"无纸通关"申报方式的海关,海关做出现场放行决定时,通过计算机系统将"海关放行"报文发送给进出口货物收发货人或其代理人和海关监管货物保管人。进出口货物收发货人或其代理人在计算机上自行打印海关通知放行的凭证,凭此提取进口货物或将出口货物装运到运输工具上离境。

6.2　保税货物的报关流程

6.2.1　保税货物的基本知识

1)保税货物的概念

《海关法》规定:"保税货物,是指经海关批准未办理纳税手续进境,在境内储存、加工、装配后复运出境的货物。"

2)保税货物的特点

保税货物具有以下特点:
①货物保税必须经海关批准;
②保税货物必须全程(进境起出境止)接受海关监管;
③保税货物必须复运出境。

3)保税货物的分类

保税货物主要分为保税加工和保税仓储两大类:
①保税加工货物是指经海关批准未办理纳税手续进境,在境内加工、装配后复运出境的货物,即通常所说的加工贸易保税货物,主要包括专为加工、装配出口产品而从国外进口且海关准予保税的原材料、零部件、元器件、包装物料、辅助材料以及用上述料件生产的成品及半成品。
②保税仓储货物是指经海关批准未办理纳税手续进境,在境内储存后复运出境的货物,也称保税物流货物。

6.2.2　保税加工货物的报关流程

海关对保税加工货物的监管模式主要包括非物理围网和物理围网两种监管模式。物理围网监管是指经国家批准,在境内或边境线上划出一块地方,实现物理围网,让企业在围网内专门从事保税加工业务,由海关进行封闭式的监管。目前在我国主要是指出口加工区,采用电子账册监管。非物理围网目前主要采用纸质手册管理和计算机联网监管。纸质手册管理的主要特征是以合同为单元进行监管;计算机联网监管主要是应用计算机,将海关和加工贸易企业联网,针对大型企业建立电子账册,以企业为单元,不执行银行"保证金台账"制度,通过计算机办理相关海关事务。

1)纸质手册管理下的保税加工货物的报关流程

纸质手册管理下的保税加工货物的报关流程如图6.1所示。

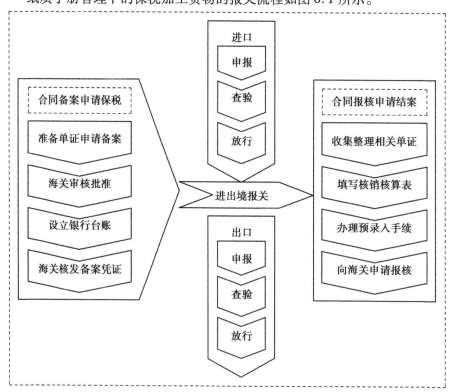

图6.1　纸质手册管理下保税加工货物报关流程图

（1）合同备案申请保税

加工贸易合同备案是指加工贸易企业持合法的加工贸易合同到主管海关备案，申请保税并领取加工贸易登记手册或其他准予备案凭证的行为。

海关接受企业申请审核相关单证，对于准予备案的，海关还要确定其是否需要开设"加工贸易银行保证金台账"，对于需要开设台账的，由受理备案的海关开出有台账金额和保证金金额内容的"银行保证金台账开设联系单"，企业凭此到银行开设台账，交付保证金，收取银行开出的"银行保证金台账登记通知单"，再凭此到海关申领合同备案凭证即"加工贸易登记手册"。

台账制度是指所有的加工贸易合同，包括来料加工合同，进料加工合同，外商投资企业履行产品出口合同，保税工厂、保税集团的加工贸易合同，都要按加工贸易进口料件银行保证金台账制度的规定办理，或不设台账，即"不转"；或设台账不付保证金，即"空转"；或设台账并付保证金，即"实转"。它的核心内容是对企业和商品实行分类管理，对部分企业进口的开展加工贸易的部分料件，银行要按料件的进口税额征收保证金。

（2）进出境报关

①保税加工货物进出境报关。加工贸易企业在主管海关备案的情况在计算机系统中已生成电子底账，有关电子数据通过网络传输到相应的口岸海关，企业在口岸海关报关时提供的有关单证内容，如商品报关的商品编码号、品名、规格、计量单位、数量、币制等数据必须与电子底账数据相一致。

②保税加工货物深加工结转报关。保税加工货物深加工结转是指加工贸易企业将保税进口料件加工的产品转至另一海关关区内的加工贸易企业进一步加工后复出口的经营活动。要进行深加工结转，首先由双方向各自的主管海关提出申请，然后按照经海关核准后的申请表进行实际数量的收发货，并在相应的结转情况登记表上登记，最后由转出、转入企业分别在转出地、转入地海关办理结转报关手续，即包括计划备案、收发货登记、结转报关3个环节。

③其他保税加工货物的报关。其他保税加工货物是指履行加工贸易合同过程中产生的剩余料件、边角料、残次品、副产品、受灾保税货物和其他经批准不再出口的加工贸易成品、半成品、料件等。对于履行加工贸易合同中产生的上述货物，企业必须在手册有效期内处理完毕，处理方式如图6.2所示。

对于受灾保税货物，加工贸易企业应在灾后7日内向主管海关书面报告，并提供相应证明材料，海关可视情况派员核查取证。受灾保税货物灭失或虽未灭失但已完全失去使用价值且无法再利用的，可由海关审定，并予以免税；受灾

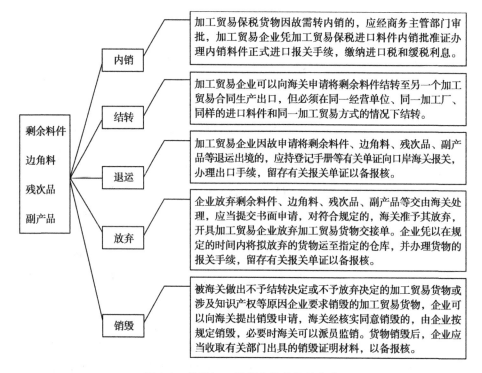

图6.2 其他加工保税货物的报关方式

保税货物需销毁处理的,同其他加工贸易保税货物的销毁处理一样;受灾保税货物虽失去原使用价值但可再利用的,应按海关审定的受灾保税货物价格,按对应的进口料件适用的税率,缴纳进口税和缓税利息。

（3）合同报核申请结案

合同报核申请结案是指加工贸易企业在加工贸易合同履行完毕或终止合同并按规定对未出口部分货物进行处理后,按照规定的期限和规定的程序,向加工贸易主管海关申请核销要求结案,解除海关监管手续的行为。

海关受理报核后,在规定的核销期限内实施核销,对于不开设台账的予以结案,对于设立台账的,凭"银行保证金台账核销联系单"到银行销台账,然后结案。

2）电子账册管理下的保税加工货物的报关流程

电子账册包括加工贸易"经营范围电子账册"和"便捷通关电子账册"。"便捷通关电子账册"又称为"E"账册,原因是该账册第一位的标记代码为"E",主要用于加工贸易货物的备案、通关和核销;"经营范围电子账册"的前两位代码为"IT",主要用于检查控制"便捷通关电子账册"进出口商品的范围。

　　建立电子账册首先要由具备相应资格的加工贸易企业向所在地直属海关申请加工贸易联网监管,经海关审核,符合条件、单证具备的加工贸易企业,在与海关签订"联网监管责任担保书"后即成为保税加工联网监管企业;联网企业还需到商务主管部门审定其加工贸易业务范围,对于非国家禁止开展的加工贸易业务,签发"联网监管企业加工贸易业务批准证";企业凭借此证向所在地主管海关申请建立电子账册并建立商品归类关系。

　　电子账册管理下保税加工货物的报关流程如图6.3所示。

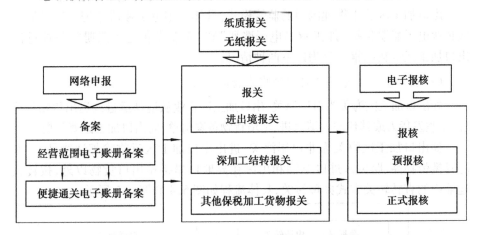

图6.3　电子账册管理下保税加工货物的报关流程

　　企业凭商务主管部门的批准证通过网络向海关办理"经营范围电子账册"、"便捷通关电子账册"的备案手续。

　　联网企业进出口保税加工货物,应使用企业内部的计算机,利用计算机原始数据形成报关清单,经中国电子口岸自动归并后生成报关单向海关申报。联网企业进行无纸报关的,海关凭同时盖有申报单位和其代理企业的提货专用章的放行通知书办理"实货放行"手续;凭同时盖有经营单位和报关单位及报关员印章的纸质单证由报关单位办理"事后交单"事宜。联网企业进行纸质报关的,应由本企业的报关员办理现场申报手续。对于深加工结转及其他保税加工货物的报关流程参考纸质手册管理的有关内容。

　　企业在正式向海关报核前需将核销期内申报的所有的电子账册进出口报关数据按海关要求的内容以电子报文形式向海关预报,海关将报核内容与电子账册进行对比后,计算机反馈"同意报核",预报通过。联网企业不再使用电子账册的,应向海关申请核销,海关核销完成后予以注销。

3）出口加工区及其保税加工货物的报关流程

出口加工区是指由省、自治区、直辖市人民政府报国务院批准在中华人民共和国境内设立的,由海关对保税加工进出口货物进行封闭式监管的特定区域。出口加工区的主要功能是保税加工,以及为区内保税加工服务的储运业务,加工区与境内其他地区之间设置符合海关监管要求的隔离设施及闭路电视监控系统,并在进出区通道设立卡口。区内企业需建立符合海关监管要求的电子计算机管理数据库,并与海关实行电子计算机联网,进行电子数据交换。

出口加工区属于物理围网的监管模式,具体采用电子账册管理。出口加工区企业电子账册包括"加工贸易电子账册"和"企业设备电子账册",具体进出出口加工区货物的报关分为以下两种情况:

(1)出口加工区与境外之间进出货物的报关

如出口加工区海关为口岸海关,出口加工区企业从境外运进或运出货物到境外,由收发货人或其代理人填写进、出境货物备案清单,向出口加工区海关报关。

如出口加工区海关为非口岸海关,进出出口加工区货物除邮递物品、个人随身携带物品、跨关区进口车辆和出区在异地口岸拼箱出口货物以外,按转关运输中的直转转关方式办理转关,具体流程如图6.4和图6.5所示。

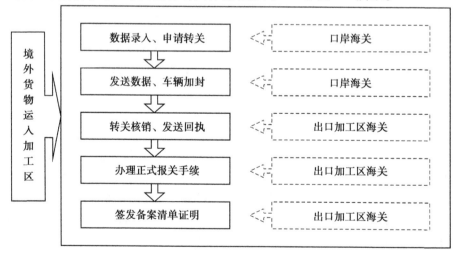

图6.4　境外货物运入出口加工区报关流程图

境外货物运入出口加工区的报关流程如下:

①货物到港后,收货人或其代理人向口岸海关录入转关申报数据,并持进

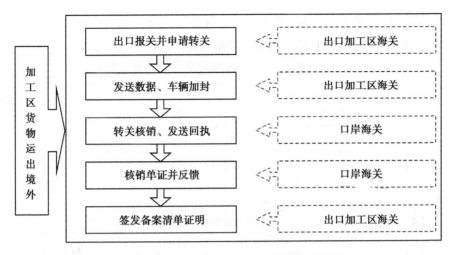

图6.5 出口加工区货物运出境外报关流程图

口转关货物申报单、汽车载货登记簿向口岸海关物流监控部门办理转关手续。

②口岸海关接受企业转关申请,向出口加工区海关发送转关申报电子数据,并对承载货物的海关监管运输车辆进行加封。

③货物运抵出口加工区后,收货人或其代理人向出口加工区海关办理转关核销手续,包括核销汽车载货登记簿及向口岸海关发送转关核销电子回执。

④收货人或其代理人录入"出口加工区进境货物备案清单",并凭运单、发票、装箱单、电子账册编号、相应的许可证件等单证向出口加工区海关办理进境报关手续。

⑤出口加工区海关审核有关报关单证,如须查验,由海关实施查验后,办理放行手续,同时签发有关备案清单证明联。

出口加工区货物运出境外的报关流程如下:

①发货物或代理人录入"出口加工区出境货物备案清单",凭相关单证向出口加工区海关办理出口报关手续,同时向海关录入转关申报数据提出转关申请。

②出口加工区海关审核同意转关,向口岸海关发送转关申报电子数据,并对承载货物的海关监管运输车辆进行加封。

③货物运抵口岸海关后,发货人或代理人向口岸海关办理转关核销手续,海关核销司机本,向出口加工区海关发送转关核销电子回执。

④货物出境后,口岸海关核销清洁载货清单并反馈出口加工区海关,出口加工区海关签发有关备案清单证明联。

（2）出口加工区与境内区外之间进出货物的报关

①出口加工区运往境内区外货物的报关流程如图6.6所示。

②境内区外运入出口加工区货物的报关流程如图6.7所示。

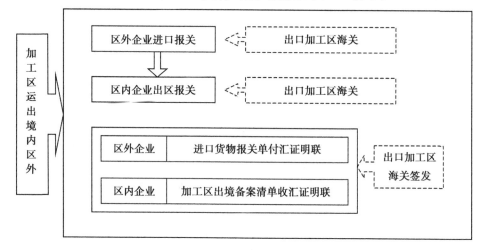

图6.6　出口加工区运往境内区外货物的报关流程图

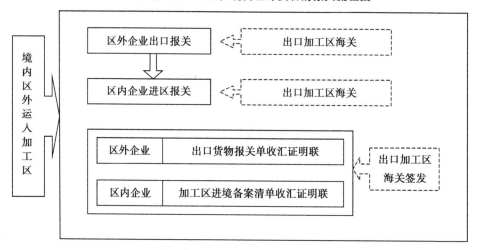

图6.7　境内区外运入出口加工区货物的报关流程图

③出口加工区出区深加工结转货物报关。

出口加工区货物出区深加工结转是指加工区内企业将本企业加工生产的产品直接或者通过保税仓库企业转入其他出口加工区、保税区等海关特殊监管区域内及区外加工贸易企业进一步加工后复出口的经营活动。出口加工区企业开展深加工结转时,转出企业需凭出口加工区管委会批复,向出口加工区海关备案后开展结转。

对转入特殊监管区域的,转出、转入企业分别在自己的主管海关办理结转手续;对转入特殊监管区域外加工贸易企业的,转出、转入企业在转出地主管海关办理结转手续,报关流程如图 6.8 所示。

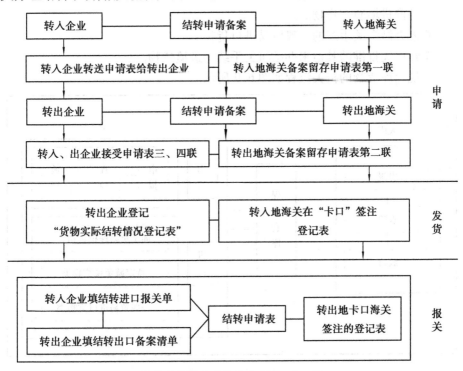

图 6.8 出口加工区货物入境内区外非特殊监管区域深加工报关流程图

6.2.3 保税仓储货物的报关流程

海关对保税仓储货物的监管模式主要包括非物理围网的监管模式,如保税仓库、出口监管仓库、保税物流中心 A 型,和物理围网的监管模式,如保税物流中心 B 型、保税物流园区、保税区等,下面就各种监管模式下货物的报关流程做一一介绍。

1)保税仓库货物的报关流程

保税仓库是指经海关批准设立的专门存放保税货物及其他未办结海关手

续货物的仓库。经海关批准可以存入保税仓库的货物有：

①加工贸易进口货物。

②转口货物。

③供应国际航行船舶和航空器的油料、物料和维修用零部件。

④供维修外国产品所进口寄售的零配件。

⑤外商进境暂存货物。

⑥未办结海关手续的一般贸易进口货物。

⑦经海关批准的其他未办结海关手续的进境货物。

保税仓库货物的报关流程如图6.9所示。

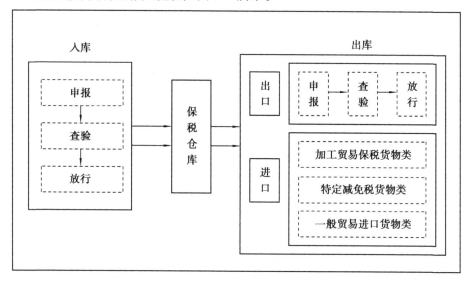

图6.9 保税仓库货物的报关流程图

2）出口监管仓库货物的报关流程

出口监管仓库是指经海关批准设立，对已办结海关出口手续的货物进行存储、保税货物配送、提供流通性增值服务的海关专用监管仓库。经海关批准可以存入出口监管仓库的货物有：

①一般贸易出口货物。

②加工贸易出口货物。

③从其他海关特殊监管区域、场所转入的出口货物。

④其他已办结海关出口手续的货物。

⑤为拼装出口而进口的货物。

出口监管仓库货物的报关流程如图6.10所示。

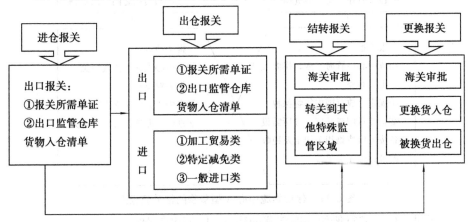

图6.10　出口监管仓库货物的报关流程图

3) 保税物流中心 A 型货物的报关流程

保税物流中心 A 型是指经海关批准,由中国境内企业法人经营、专门从事保税仓储物流业务的海关监管场所,可存放以下货物:

①国内出口货物。

②转口货物和国际中转货物。

③外商暂存货物。

④加工贸易进出口货物。

⑤供应国际航行船舶和航空器的物料、维修用零部件。

⑥供维修外国产品所进口寄售的零配件。

⑦未办结海关手续的一般贸易进口货物。

⑧经海关批准其他未办结海关手续的货物。

保税物流中心 A 型货物的报关流程如图6.11所示。

4) 保税物流中心 B 型货物的报关流程

保税物流中心 B 型是指经海关批准,由中国境内一家企业法人经营,多家企业进入并从事保税仓储物流业务的海关集中监管场所。它可存放下列货物:

①国内出口货物。

②转口货物和国际中转货物。

③外商暂存货物。

④加工贸易进出口货物。

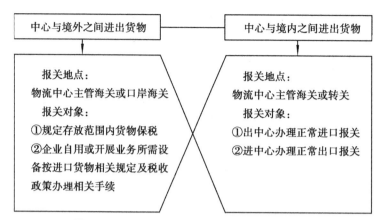

图6.11 保税物流中心 A 型货物的报关流程图

⑤供应国际航行船舶和航空器的物料、维修用零部件。

⑥供维修外国产品所进口寄售的零配件。

⑦未办结海关手续的一般贸易进口货物。

⑧经海关批准其他未办结海关手续的货物。

保税物流中心 A 型和 B 型内企业可开展如下业务：

①保税存储进出口货物及其他未办结海关手续货物。

②对所存货物开展流通性简单加工和增值服务。

③全球采购和国际分拨、配送。

④转口贸易和国际中转业务。

⑤经海关批准的其他国际物流业务。

保税物流中心 B 型货物报关流程如图 6.12 所示。

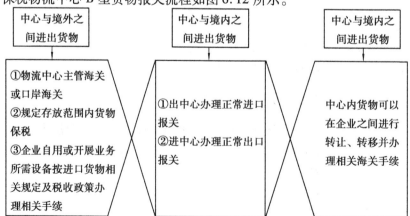

图6.12 保税物流中心 B 型货物报关流程图

5) 保税物流园区货物的报关流程

保税物流园区是指经国务院批准,在保税区规划面积或者毗邻保税区的特定港区内设立的、专门发展现代国际物流的海关特殊监管区域,园区与境内其他地区之间设置符合海关监管要求的卡口、围网隔离设施、视频监控系统及其他海关监管所需的设施。

保税物流园区的主要功能是保税,海关在园区派驻机构,对园区实行 24 小时监管,海关对园区企业实行电子账册监管制度和计算机联网管理制度。园区内可以开展的保税物流业务包括:

①存储进出口货物及其他未办结海关手续的货物。

②对所存货物开展流通性简单加工和增值服务。

③进出口贸易包括转口贸易。

④国际采购、分配和配送。

⑤国际中转。

⑥商品展示。

⑦经海关批准的其他国际物流业务。

保税物流园区货物的报关流程如图 6.13 和图 6.14 所示。

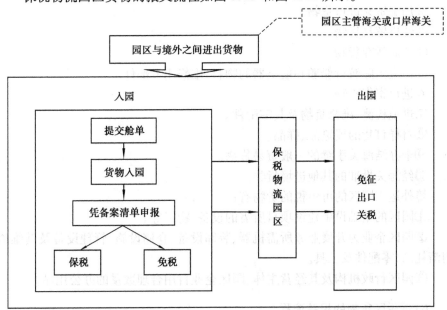

图 6.13 保税物流园区与境外进出货物的报关流程图

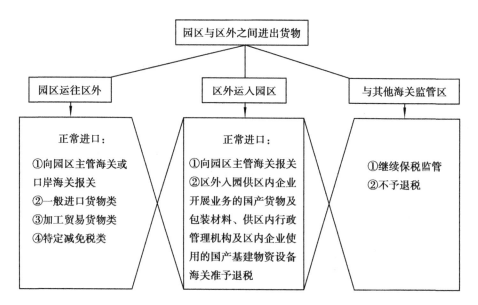

图6.14 保税物流园区与区外进出货物的报关流程图

境外运入园区可保税的货物有：

①园区企业为开展业务所需的货物及其包装物料。

②加工贸易进口货物。

③转口贸易货物。

④外商暂存货物。

⑤供应国际航行船舶和航空器的物料、维修用零部件。

⑥进口寄售货物。

⑦进境检测、维修货物及其零配件。

⑧看样订货的展览品、样品。

⑨未办结海关手续的一般贸易货物。

⑩经海关批准的其他进境货物。

境外运入园区的可免税的货物有：

①园区的基础设施建设项目所需的设备、物资等。

②园区企业为开展业务所需机器、装卸设备、仓储设施、管理设备及其维修用消耗品、零配件及工具。

③园区行政机构及其经营主体、园区企业自用合理数量的办公用品。

6）保税区货物的报关流程

保税区是指经国务院批准在中华人民共和国境内设立的、由海关进行监管、具有出口加工、转口贸易、仓储运输、商品展示等多功能的特定区域,它既有保税加工的功能,又有保税物流的功能。

保税区与境内其他地区之间设置符合海关监管要求的隔离设施,运输工具和人员进出保税区使用海关指定的专用通道,并接受海关检查,其中运输工具需由其负责人向海关办理登记备案手续。区内企业与海关之间实行电子计算机联网并进行电子数据交换。

为了支持保税区的发展,保税区享有以下免税优惠:

①区内生产性的基础设施建设项目所需的机器、设备和其他基建物资,予以免税。

②区内企业自用的生产、管理设备和自用合理数量的办公用品及其所需的维修零配件,生产用燃料,建设生产厂房、仓储设施所需的物资、设备,除交通车辆和生活用品外,予以免税。

③保税区行政管理机构自用合理数量的管理设备和办公用品及其所需的维修零配件,予以免税。

保税区货物的报关流程如图 6.15 所示。

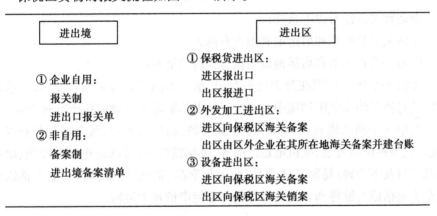

图 6.15 保税区货物的报关流程图

6.3　转关运输货物的报关流程

6.3.1　转关运输货物的基本知识

1) 转关运输的含义

转关运输是指进出口货物在海关监管下,从一个海关运至另一个海关办理某项海关手续的行为,包括货物由进境地入境,向海关申请转关,运往另一设关地点进口报关;货物在启运地出口报关运往出境地,由出境地海关监管出境;海关监管货物从境内一个设关地点运往境内另一个设关地点报关。

2) 申请转关运输的条件

申请转关运输有以下条件:

①转关的指运地和启运地必须设有海关。

②转关的指运地和启运地应当设有经海关批准的监管场所。

③转关承运人应当在海关注册登记,承运车辆符合海关监管要求,并承诺按海关对转关路线范围和途中运输时间所做的限定将货物运往指定的场所。

其中对于动物废料、冶炼渣、木制品废料、纺织品废物、贱金属及其制成品的废料、各种废旧五金、电机电器产品等、废运输设备、特殊需进口的废物、废塑料和碎料及下脚料;易制毒化学品、监控化学品、消耗臭氧层物质、氯化钠以及汽车类包括成套散件和二类底盘等货物不能申请转关运输。

3) 转关运输的方式

转关运输有提前报关转关、直转转关和中转转关3种方式,具体如图6.16所示。

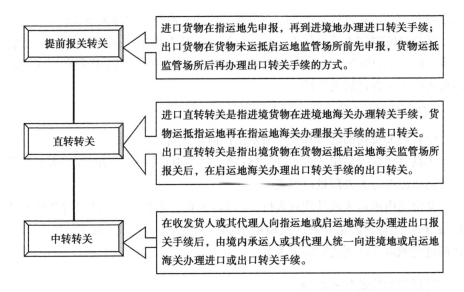

图 6.16 转关运输方式

6.3.2 转关运输货物的报关流程

1) 进口货物的转关流程

(1) 提前报关货物的转关流程

①提前报关的进口转关货物应在电子数据申报之日起 5 日内,向进境地海关办理转关手续。

②进口货物的收货人或其代理人在进境地海关办理进口货物转关手续前,向指运地海关录入进口货物报关单电子数据。

③指运地海关提前受理电子申报,同时由计算机自动生成进口转关货物申报单,并传输至进境地海关。

④提前报关的转关货物收货人或其代理人应向进境地海关提供进口转关货物申报单编号、进口转关货物核放单(广东省内公路运输的,提交进境汽车载货清单)、汽车载货登记簿或船舶监管簿、提货单,办理转关运输手续。

(2) 直转转关货物的报关流程

①直转的转关货物应当在海关限定的时间内运抵指运地。货物运抵指运

地之日起 14 天内,进口货物的收货人或其代理人向指运地海关申报;

②货物的收货人或其代理人在进境地录入转关申报数据,持进口转关货物申报单(广东省内公路运输的,提交进境汽车载货清单)和汽车载货登记簿或船舶监管簿直接办理转关手续。

(3)中转转关货物的报关流程

中转转关货物的进口转关一般采用提前报关转关的方式:

①具有全程提运单、需换装境内运输工具的中转转关货物的收货人或其代理人向指运地海关办理进口报关。

②由境内承运人或其代理人持"进口转关货物申报单"、"进口货物中转通知书"按指运地目的港分列的纸质舱单(其中空运方式提交"航空运单")等单证向进境地海关办理货物转关手续。

2)出口货物的转关流程

(1)提前报关转关货物的报关流程

①由货物的发货人或其代理人在货物未运抵启运地海关监管场所前,先向启运地海关录入出口货物报关单电子数据。

②启运地海关提前受理电子申报,生成出口转关货物申报单数据,传输至出境地海关。

③货物应于电子数据申报之日起 5 日内,运抵启运地海关监管场所,并持出口货物报关单、汽车载货登记簿或船舶监管簿、广东省内公路运输的出境汽车载货清单向启运地海关办理出口转关手续。

④货物到达出境地后,发货人或其代理人应持启运地海关签发的出口货物报关单、出口转关货物申报单或出境汽车载货清单、汽车载货登记簿或船舶监管簿向出境地海关办理转关货物出境手续。

(2)直转转关货物的报关流程

①由发货人或其代理人在货物运抵启运地海关监管场所后,向启运地海关录入出口货物报关单电子数据。

②启运地海关受理电子申报,生成出口转关货物申报单数据,传输至出境地海关。

③发货人或其代理人应持出口货物报关单、汽车载货登记簿或船舶监管

簿、广东省内运输的出境汽车载货清单在启运地海关办理出口转关手续。

④直转的出口转关货物到达出境地后,发货人或其代理人应持启运地海关签发的出口货物报关单、出口转关货物申报单或出境汽车载货清单、汽车载货登记簿或船舶监管簿向出境地海关办理转关货物的出境手续。

(3)中转转关货物的报关流程

①具有全程提运单、需换装境内运输工具的出口中转转关货物,货物的发货人或其代理人向启运地海关办理出口报关。

②由承运人或其代理人向启运地海关录入并提交出口转关货物申报单、凭出境运输工具分列的电子或纸质舱单、汽车载货登记簿或船舶监管簿等单证向启运地海关办理货物出口转关手续。

③经启运地海关核准后,签发出口货物中转通知书,承运人或其代理人凭以办理中转货物的出境手续。

6.4 特定减免税货物的报关流程

6.4.1 特定减免税货物的基本知识

1)特定减免税货物的含义

特定减免税货物是指海关根据国家的政策规定准予减免税进境使用于特定地区、特定企业、特定用途的货物。

其中特定地区是指我国关境内由行政法规规定的某一特别限定区域,享受减免税优惠的进口货物只能在这一特别限定的区域内使用。特定企业是指由国务院制定的行政法规专门规定的企业,享受减免税优惠的进口货物只能由这些专门规定的企业使用。特定用途是指国家规定可以享受减免税优惠的进口货物只能用于行政法规专门规定的用途。

2)特定减免税货物的特征

特定减免税货物有以下特征:特定条件下减免进口关税;进口申报应提交进口许可证件;进口后在特定的海关监管期限内接受海关监管。

6.4.2　特定减免税货物的报关流程

特定减免税货物的报关流程包括减免税申请、进出口报关及申请解除监管3个环节,具体如图6.17所示。

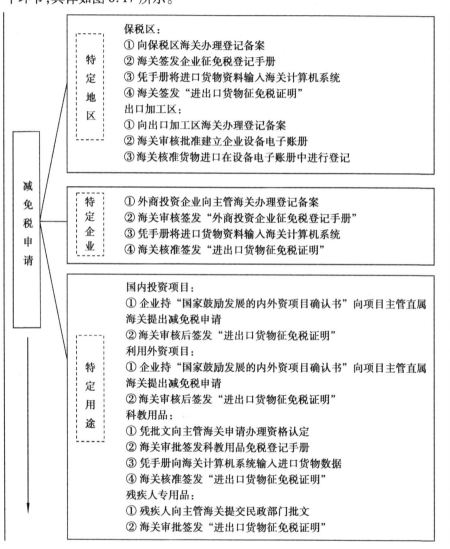

减免税申请

特定地区

保税区:
①向保税区海关办理登记备案
②海关签发企业征免税登记手册
③凭手册将进口货物资料输入海关计算机系统
④海关签发"进出口货物征免税证明"

出口加工区:
①向出口加工区海关办理登记备案
②海关审核批准建立企业设备电子账册
③海关核准货物进口在设备电子账册中进行登记

特定企业

①外商投资企业向主管海关办理登记备案
②海关审核签发"外商投资企业征免税登记手册"
③凭手册将进口货物资料输入海关计算机系统
④海关核准签发"进出口货物征免税证明"

特定用途

国内投资项目:
①企业持"国家鼓励发展的内外资项目确认书"向项目主管直属海关提出减免税申请
②海关审核后签发"进出口货物征免税证明"

利用外资项目:
①企业持"国家鼓励发展的内外资项目确认书"向项目主管直属海关提出减免税申请
②海关审核后签发"进出口货物征免税证明"

科教用品:
①凭批文向主管海关申请办理资格认定
②海关审批签发科教用品免税登记手册
③凭手册向海关计算机系统输入进口货物数据
④海关核准签发"进出口货物征免税证明"

残疾人专用品:
①残疾人向主管海关提交民政部门批文
②海关审批签发"进出口货物征免税证明"

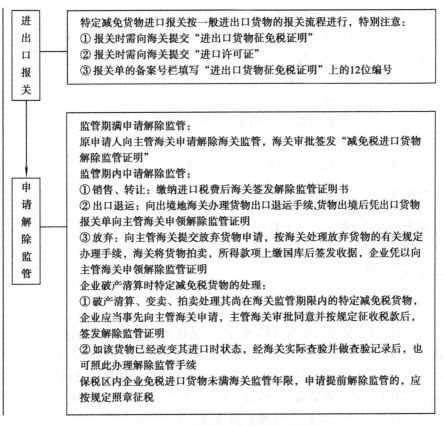

图6.17 特定减免税货物的报关流程图

6.5 暂准进出境货物的报关流程

6.5.1 暂准进出境货物的基本知识

1)暂准进出境货物的含义

暂准进出境货物是指为了特定的目的经海关批准暂时进境或暂时进境并在规定的期限内复运进境或复运进境的货物。

目前我国暂准进出境货物主要包括：

①在展览会、交易会、会议及类似活动中展示或者使用的货物。

②文化、体育交流活动中使用的表演、比赛用品。

③进行新闻报道或者摄制电影、电视节目使用的仪器、设备及用品。

④开展科研、教学、医疗活动使用的仪器、设备及用品。

⑤上述四项所列活动中使用的交通工具及特种车辆。

⑥暂时进出的货样。

⑦供安装、调试、检测设备时使用的仪器、工具。

⑧盛装货物的容器。

⑨其他暂时进出境用于非商业目的的货物。

2) 暂准进出境货物特征

暂准进出境货物具有以下特征:有条件暂时免予缴纳税费;除另有规定外,免予提交进出口许可证件;规定期限内按原状复运进出境;按货物实际使用情况办结海关手续。

3) ATA 单证册制度

"暂准进口单证册",简称 ATA 单证册,是指世界海关组织通过的《货物暂准进口公约》及其附约 A 和《ATA 公约》中规定使用的,用于替代各缔约方海关暂准进出口货物报关单和税费担保的国际性通关文件。在我国,目前使用 ATA 单证册的范围仅限于展览会、交易会、会议及类似活动项下的货物。除此以外的货物,我国海关不接受持 ATA 单证册办理进出口申报手续。

一份 ATA 单证册由若干页 ATA 单证组成,单证的具体数目依其经过的国家数目而定。一般由 8 页组成:一页绿色封面单证、一页黄色出口单证、一页白色进口单证、一页白色复出口单证、两页蓝色过境单证、一页黄色复进口单证、一页绿色封底。ATA 单证册必须使用英语或法语,如果需要,也可以同时使用第三种语言印刷。我国海关接受中文或英文填写的 ATA 单证册的申报。用英文填写的 ATA 单证册,海关可要求提供中文译本。用其他文字填写的 ATA 单证册,则必须随附忠实原文的中文或英文译本。

根据国际公约的规定,ATA 单证册的有效期最长是 1 年。但我国海关只接受展览品及相关货物使用 ATA 单证册申报进出口,因此,ATA 单证册项下货物暂时进出境期限为自货物进出境之日起 6 个月。超过 6 个月的,需经直属海关批准。如有特殊情况超过 1 年的,需经海关总署批准。

ATA 单证册的担保协会和出证协会一般是由国际商会国际局和各国海关批准的各国国际商会,中国国际商会是我国 ATA 单证册的担保协会和出证协会。ATA 单证册的使用过程如下：

①持证人向出证协会提出申请,缴纳一定的手续费,并按出证协会的规定提供担保。

②出证协会审核后签发 ATA 单证册。

③持证人凭 ATA 单证册将货物在出境国暂时出境,又暂时进境到进境国(地区),进境国(地区)海关经查验签章放行。

④货物完成暂时进境的特定使用目的后,从进境国(地区)复运出境,又复运进境到原出境国(地区)。

⑤持证人将使用过的、经各海关签注的 ATA 单证册交还给原出证协会。

6.5.2　暂准进出境货物的报关流程

1)适用 ATA 单证册的暂准进出境货物的报关流程

适用 ATA 单证册的暂准进出境货物的报关流程如图6.18 所示。

使用ATA单证册的暂准进出境货物的报关

进境报关	出境报关	过境报关
①ATA单证册内容在ATA 电子核销系统预录入	①货物出境	①货物进境
②展品进境	②向海关提交纸质单证	②向海关提交纸质单证
③向海关提交纸质单证	③海关在绿色和黄色出口 单证上签注并留存黄色联	③海关在两份蓝色过境 单证上签注并留存
④海关在白色进口单证上 签注并留存	④海关退还其他联	④海关退还其他联
⑤海关退还其他联	⑤货物进境	⑤货物离境
⑥展品出境	⑥海关在黄色复进口单证 上签注并留存	
⑦海关在白色复出口单证 上签注并留存	⑦正式核销结关	
⑧海关退还其他联		
⑨正式核销结关		

图6.18　适用 ATA 单证册的暂准进出境货物的报关流程图

2)不使用 ATA 单证册报关的展览品的报关流程

进出境展览品的海关监管有使用 ATA 单证册的,也有不使用 ATA 单证册直接按展览品监管的,进境展览品包含在展览会中展示或示范用的货物、物品,为示范展出的机器或器具所需用的物品,展览者设置临时展台的建筑材料及装饰材料,供展览品做示范宣传用的电影片、幻灯片、录像带、录音带、说明书、广告等;出境展览品包含国内单位赴境外举办展览会或参加境外博览会、展览会而运出的展品,以及与展览活动有关的宣传品、布置品、招待品及其他公用物品。展览品的进出境报关流程如图6.19所示。

不使用ATA单证册的暂准进出境货物的报关

进境申报	出境申报
① 展览会的批准文件、展览品清单送海关登记备案 ② 展览品进境凭相关单证向展出地海关办理进境报关 ③ 展览会主办单位或其代理人应当向海关提供担保 ④ 海关在展览会举办地对展览品开箱查验	① 展览品出境凭相关单证向出境地海关办理出境报关 ② 向海关缴纳相当于税款的保证金 ③ 海关对展览品开箱查验 ④ 海关做清单关封交还给发货人或其代理人，凭以办理展览品复运进境申报手续

核销结关

复运进出境	① 展览品在规定期限内复运进、出境后，海关签发报关单证明联，展览品所有人或其代理人凭以向主管海关办理核销结关手续 ② 展览品未能在规定期限内复运的，应向主管海关申请延期，在延长期内办理复运进出境手续
转为正式进出口	① 进境展览品向海关重新办理正式进口报关手续 ② 出口展览品由海关核对展览品清单后要求企业补办有关正式出口手续
放弃或赠送	① 展览品放弃给海关的，由海关变卖后将款项上缴国库;有单位接受放弃展览品的，应当向海关办理进口报关手续 ② 展览品赠送的，受赠人应当向海关办理进口手续，海关根据进口礼品或经贸往来赠送品的规定办理
毁坏、丢失、被窃	① 毁坏的展览品，海关根据毁坏程度估价征税 ② 丢失或被窃的展览品，海关按照进口同类货物征收进口税 ③ 因不可抗力遭受损毁或灭失的，海关根据受损情况，减征或免征进口税

图6.19　不使用 ATA 单证册的暂准进出境货物的报关流程图

3）暂准进出境集装箱箱体的报关流程

当货物用集装箱装载进出口时，集装箱箱体作为一种运输设备暂时进出境，它的报关流程如图6.20所示。

本国箱体	外国箱体
①境内生产的集装箱及我国营运人购买进口的集装箱在国际运输前，营运人应当向其所在地海关办理登记手续 ②海关准予登记并符合规定的集装箱箱体，无论是否装载货物，海关准予暂时进境和异地出境，营运人或者其代理人无需对箱体单独向海关办理报关手续，进出境时也不受规定的期限限制	①承运人或者其代理人应当对箱体单独向海关申报，并应当于入境之日起6个月内复运出境 ②因特殊情况不能按期复出境的，营运人应当向暂准进境地海关提出延期申请，经海关核准后可以延期，但延长期最长不得超过3个月，逾期应按规定向海关办理进口报关纳税手续

图6.20　暂准进出境集装箱箱体的报关流程图

4）暂时进出口货物

《关税条例》规定可以暂不缴纳税款的9种暂准进出境货物，除使用ATA单证册报关的货物、不使用ATA单证册报关的展览品、集装箱箱体按各自的监管方式由海关进行监管外，其余的均按《海关对暂时进出口货物监管办法》进行监管，具体的报关流程如图6.21所示。

进境申报	出境申报
①凭批准文件、报关单、商业及货运单据向海关办理暂时进境申报手续 ②暂时进口货物执行国家规定的相关管制要求 ③免缴进口税但必须向海关提供担保	①凭批准文件、报关单、货运和商业单据等,向海关办理暂时出境申报手续 ②暂时出口货物除特殊商品如易制毒化学品、监控化学品等按正常出口提交有关许可证件外,不须交验许可证件

核销结关

复运进出境	进出口货物收发货人或其代理人必须留存由海关签章的复运进出境的报关单以备报核
转为正式进口	进口货物收货人或其代理人应当向海关提出申请,提交有关许可证件,办理货物正式进口的报关纳税手续
放弃	向海关声明将货物放弃,海关按放弃货物的有关规定处理

暂时进出口货物复运进出境,或者转为正式进口或放弃以后,货物的收发货人应当持经海关签注的进口货物报关单或出口货物报关单或有关处理放弃货物的收据,以及其他有关单证,向海关报核,申请结关。海关经审核,退还保证金或办理其他担保销案手续,予以结关。

图 6.21　暂时进出口货物报关流程图

6.6　其他进出境货物的报关程序

6.6.1　过境货物的报关程序

过境货物是指从境外启运,在我国境内不论是否换装运输工具,通过陆路继续运往境外的货物。过境货物包括与我国签有过境货物协定国家的过境货物,或在同我国签有铁路联运协定的国家收发货的过境货物,而对于同我国未签有协定国家的过境货物,应当经国家经贸、运输主管部门批准,并向入境地海关备案后准予过境。

过境货物的过境期限为 6 个月,因特殊原因,可以向海关申请延期,经海关同意后,可延期 3 个月,3 个月仍未过境的,海关按规定依法提取变卖,变卖后的货款按有关规定处理。

过境货物的报关程序如图6.22所示。

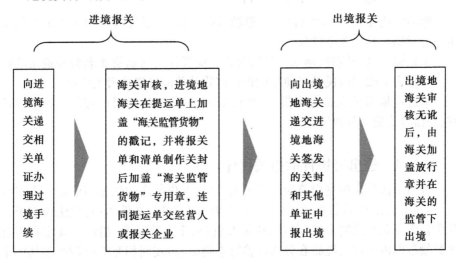

图6.22 过境货物的报关程序图

6.6.2 转运货物的报关程序

转运货物是指由境外启运,通过我国境内设立海关的地点换装运输工具,而不通过境内陆路运输继续运往境外的货物。进境运输工具载运的货物必须具备下列条件之一的,方可办理转运手续:

①持有转运或联运提货单的。

②进口载货清单上注明是转运货物的。

③持有普通提货单,但在起卸前向海关声明转运的。

④误卸的进口货物,经运输工具经理人提供确实证件的。

⑤因特殊原因申请转运,经海关批准的。

转运货物的报关程序如下:

①载有转运货物的运输工具进境后,承运人应当在进口载货清单上列明转运货物的名称、数量、起运地和到达地,并向主管海关申报进境。

②申报经海关同意后,在海关指定的地点换装运输工具。

③在3个月之内运送出境。

6.6.3 通运货物的报关程序

通运货物是指由境外启运,由船舶、航空器载运进境并由原运输工具载运出境的货物。其报关手续如下:

①运输工具进境时,运输工具的负责人应凭注明通运货物名称和数量的船舶进口报告书或国际民航机使用的进口载货舱单向进境地海关申报。

②进境地海关在接受申报后,在运输工具抵、离境时对申报的货物予以核查,并监管货物实际离境。

6.6.4 进出境快件的报关程序

进出境快件是指进出境快件营运人,以向客户承诺的快速商业运作方式承揽、承运的进出境的货物、物品。主要分为以下3类:文件类:海关法规定予以免税且无商业价值的文件、单证、单据及资料;个人物品类:指海关规定自用合理数量范围内的进出境旅客分离运输行李物品、亲友间相互馈赠物品和其他个人物品;货物类:指文件类、个人物品类进出境快件以外的进出境快件。

进出境快件的报关程序如表6.1所示。

表6.1 进出境快件的报关程序

快件类别		提交单证	报关模式	报关时间
文件类		①进出境快件XI1报关单 ②总运单(副本) ③海关需要的其他单证	纸质文件方式和电子数据交换方式	进境快件应当自运输工具申报进境之日起14日内,出境快件在运输工具离境3小时之前,向海关申报
个人物品类		①进出境快件个人物品报关单 ②每一进出境快件的分运单 ③进境快件收件人或出境快件发件人身份证影印件 ④海关需要的其他单证		
货物类进境	关税税额在RMB50元以下和海关准予免税的货物	①进出境快件KJ2报关单 ②每一进出境快件的分运单、发票 ③海关需要的其他单证		
	对应予征税的货样、广告品	①进出境快件KJ3报关单 ②每一进出境快件的分运单、发票 ③海关需要的其他单证		
	其他货物类	按进口货物的报关程序报关		
货物类出境	对货样、广告品	①进出境快件KJ2报关单 ②每一出境快件的分运单、发票 ③海关需要的其他单证		
	其他货物类	按出口货物报关程序报关		

6.6.5　租赁进口货物的报关流程

　　租赁是指所有权和使用权之间的一种借贷关系,即由资产所有者(出租人)按契约规定,将租赁物件租给使用人(承租人),承租人在规定期限内支付租金并享有对租赁物件使用权的一种经济行为。跨越国(地区)境的租赁就是国际租赁。以国际租赁方式进境的货物,即为租赁进口货物,包含两种类型,一种是金融租赁,带有融资性质,租赁期满不复运出境;一种是经营租赁,带有服务性质,具有暂时性质,在合同规定的期限内复运出境。

　　根据《关税条例》的规定,租赁进口货物的纳税义务人对租赁进口货物应当按照海关审查确定的租金作为完税价格缴纳进口税款,租金分期支付的可以选择一次性缴纳税款或者分期缴纳税款;选择一次性缴纳税款的可以按照海关审查确定的货物的价格作为完税价格,也可以按照海关审查确定的租金总额作为完税价格。

　　1) 金融租赁进口货物的报关程序

　　金融租赁进口货物的报关程序如图 6.23 所示。

金融租赁进口货物	
按货物的完税价格缴纳税款	**按租金分期缴纳税款**
①收货人或其代理人在租赁货物进口时应当向海关提供租赁合同,按进口货物的实际价格向海关申报 ②申报时提供应当提供的进口许可证件和其他单证 ③按海关审查确定的货物完税价格计算税款数额,缴纳进口关税和进口代征税 ④海关现场放行后,不再对货物进行监管	①收货人或其代理人在租赁货物进口时应当向海关提供租赁合同,按照第一期应当支付的租金和货物的实际价格分别填制报关单向海关申报 ②申报时提供应当提供的进口许可证件和其他单证 ③按海关审查确定的第一期租金的完税价格计算税款数额,缴纳进口关税和进口代征税,海关按照货物的实际价格统计 ④海关现场放行后,对货物继续进行监管
注意事项: ①纳税义务人在每次支付租金后的 15 日内(含第 15 日)按支付租金额向海关申报,并缴纳相应的进口关税和进口代征税,直到最后一期租金支付 ②需要后续监管的金融租赁进口货物租期届满之日起 30 日内,纳税义务人应当申请办结海关手续,将租赁进口货物退运出境,如不退运出境,以残值转让,则应当按照转让的价格审查确定完税价格计征进口关税和进口代征税	

图 6.23　金融租赁进口货物的报关程序图

2）经营租赁进口货物的报关程序

经营租赁进口货物的报关程序如下：

①收货人或其代理人在租赁货物进口时应当向海关提供租赁合同，按照第一期应当支付的租金或者租金总额和货物的实际价格分别填制报关单向海关申报。

②申报时提供应当提供的进口许可证件和其他报关单证。

③按海关审查确定的第一期租金或租金总额的完税价格计算税款数额，缴纳进口关税和进口代征税，海关按照货物的实际价格统计。

④海关现场放行后，对货物继续进行监管。

注意事项：

①分期缴纳税款的，纳税义务人在每次支付租金后的 15 日内（含第 15 日）按支付租金额向海关申报，提供报关单证，并缴纳相应的进口关税和进口代征税，直到最后一期租金支付。

②经营租赁进口货物租期届满之日起 30 日内，纳税义务人应当申请办结海关手续，将租赁进口货物复运出境或者办理留购、续租的申报纳税手续。

6.6.6　无代价抵偿货物的报关程序

无代价抵偿货物是指进出口货物在海关放行后，因残损、短少、品质不良或者规格不符原因，由进出口货物的发货人、承运人或者保险公司免费补偿或者更换的与原货物相同或者与合同规定相符的货物。无代价抵偿货物具有以下特征：免交验进出口许可证件；不征收进口关税、进口代征税或出口关税；现场放行后，海关监管结束。

无代价抵偿货物报关程序如图 6.24 所示，其中残损、品质不良或规格不符引起的无代价抵偿货物进出口前，应当在原进出口合同规定的索赔期内且不超过原货物进出口之日起 3 年内办理被更换的原进出口货物中残损、品质不良或规格不符货物的有关海关手续。

退运进出境	放弃交海关处理	不退运不放弃

被抵偿货

退运进出境
①被更换的原进口货物退运出境时不征收出口关税
②被更换的原出口货物退运进境时不征收进口关税和进口代征税

放弃交海关处理
①海关依法处理
②收货人凭海关提供依据申报进口无代价抵偿货物

不退运不放弃
①申报出口或进口
②缴纳进口关税、进口代征税或出口关税
③属于许可证件管理的商品还应当交验相应的许可证件

抵偿货

进口	出口

进口
凭下列单据进口报关：
①无代价抵偿货物的进口报关单
②原进口货物报关单
③原进口货物退运出境的出口货物报关单或者原进口货物交由海关处理的货物放弃处理证明或者已经办理纳税手续的单证
④原进口货物税款缴纳书或者"进出口货物征免税证明"
⑤买卖双方签订的索赔协议

出口
凭下列单据出口报关：
①无代价抵偿货物的出口报关单
②原出口货物报关单
③原出口货物退运进境的进口货物报关单或者已经办理纳税手续的单证
④原出口货物税款缴纳书
⑤买卖双方签订的索赔协议

图6.24　无代价抵偿货物报关程序图

6.6.7　进出境修理货物的报关程序

进出境修理货物是指运出境或运进境进行维护修理后复运进境或复运出境的机械器具、运输工具或者其他货物，以及为维修这些货物需要进出口的原材料、零部件。对于进境维修货物免纳关税，但要向海关提供担保，并接受海关后续监管，也可以申请按照保税货物办理进境手续；对于出境修理货物进境时，在保修期内并由境外免费维修的，可以免纳关税和进口代征税，在保修期外的或者虽在保修期内但境外维修收费的，应当按照境外修理费和料件费审定完税价格计征进口关税和进口代征税。

进出境修理货物的报关程序如图6.25所示。

进境修理货物	①收货人或其代理人持维修合同或者含有保修条款的原出口合同及申报进口需要的所有单证办理货物进口申报手续，并提供进口税款担保 ②货物进口后在境内维修的期限为进口之日起6个月，可申请延长6个月，期间受海关监管 ③修理货物复出境待凭原修理货物进口申报时的报关单留存联或复印件及应当提供的出口申报单证申报出境 ④修理货物复出境后申请销案，海关退还保证金或撤销担保
出境修理货物	①向海关提交维修合同或含有保修条款的原进口合同以及申报出口需要的所有单证，办理出境申报手续 ②在境外维修的期限为出境之日起6个月，可申请不超过6个月 ③货物复运进境时应当向海关申报在境外实际支付的修理费和料件费，由海关审查确定完税价格，计征进口关税和进口代征税 ④超过海关规定期限复运进境的，海关按一般进口货物计征进口关税和进口代征税

图 6.25　进出境修理货物的报关程序图

6.6.8　出料加工货物的报关程序

出料加工货物是指我国境内企业运到境外进行技术加工后复运进境的货物。出料加工原则上不能改变原出口货物的物理形态，对完全改变原出口货物物理形态的出境加工，属于一般出口。

出料加工货物的报关程序如图 6.26 所示。

备案

① 凭合同到主管海关备案
② 海关核发出料加工登记手册

进出境申报

出境
① 向海关申报出口，提交单据：登记手册、出口货物报关单、货运单据、海关需要的其他单证，属应征出口税的提供担保
② 海关对出料加工出口货物附加标志、标记或留取货样

进境
① 向海关申报进口，提交单据：登记手册、进口报关单、货运单据、其他海关需要的单证
② 海关以境外加工费和料件费以及复运进境的运输及其相关费用和保险费审查确定完税价格征收进口税

核销

① 经营人向海关报核，海关进行核销
② 提供担保的，应当退还保证金或者撤销担保
③ 未在海关允许期限内（6个月可延长3个月）复运进境的，海关按照一般进出口货物办理，将货物出境时收取的税款担保金转为税款，货物进境时按一般进口货物征收进口关税和进口代征税

图 6.26 出料加工货物的报关程序图

6.6.9 溢卸、误卸货物的报关程序

溢卸进境货物是指未列入进口载货清单、运单的货物，或者多于进口载货清单、提单或运单所列数量的货物。误卸进境货物是指将指运境外港口、车站

或境内其他港口、车站而在本港(站)卸下的货物。溢卸、误卸货物自卸货日起依法需在 3 个月内向海关申报,其报关程序如下:

①溢卸进境货物由原收货人接受的,原收货人或其代理人应填写进口货物报关单,同时提供相关的溢卸货物证明及海关所需的其他单证向进境地海关申报,海关验核后按规定征税放行货物。

②要以溢卸货物抵补短卸货物的,应填报进口货物申报单向海关申报。

③误卸进境货物如属于应运往国外的,运输工具负责人或其代理人要求退运至境外时,经海关核实后可退运至境外。

④误卸进境货物如属于运往国内其他口岸的,可由原收货人或其代理人就地向进境地海关办理进口申报手续,也可以经进境地海关同意按转关运输管理办法办理转运手续。

⑤对溢卸、误卸进境货物,不需办理退运手续的,运输工具负责人或其代理人可以要求在国内进行销售,由购货单位向海关办理相应的进口手续。

⑥未向海关办理退运或者申报进口手续的,由海关提取依法变卖处理。

⑦溢卸、误卸进境货物属于危险品或不宜长期保存的货物时,海关可以根据实际情况,提前提取、依法变卖处理,变卖所得价款按有关规定做出相应处理。

6.6.10 放弃货物的报关程序

放弃进口货物是指进口货物的收货人或其所有人声明放弃,由海关提取依法变卖处理的货物,包括没有办结海关手续的一般进口货物、保税货物、在监管期内的特定减免税货物、暂准进境货物及其他没有办结海关手续的进境货物。国家禁止或限制进口的废物、对环境造成污染的货物不得声明放弃。

由海关提取依法变卖处理的放弃进口货物的所得价款,优先拨付变卖处理实际支出的费用后,再扣除运输、装卸、储存等费用。所得价款不足以支付运输、装卸、储存等费用的,按比例支付。变卖价款扣除相关费用后尚有余款的,上缴国库。

6.6.11 超期未报关货物的报关程序

超期未报关货物是指在规定的期限未办结海关手续的海关监管货物。其包括：

①自运输工具申报进境之日起,超过3个月未向海关申报的进口货物。

②在海关批准的延长期满仍未办结海关手续的溢卸、误卸进境货物。

③超过规定期限3个月未向海关办理复运出境或者其他海关手续的保税货物。

④超过规定期限3个月未向海关办理复运出境或者其他海关手续的暂准进境货物。

⑤超过规定期限3个月未运输出境的过境、转运和通运货物。

超期未报关进口货物由海关提取依法变卖处理：

①被决定变卖处理的货物如属于《法检目录》范围的,由海关在变卖前提请出入境检验检疫机构进行检验检疫,检验检疫的费用与其他变卖处理实际支出的费用从变卖款中支付。

②变卖所得价款,在优先拨付变卖处理实际支出的费用后,按照运输、装卸、储存等费用,进口关税,进口环节海关代征税,滞报金的先后顺序扣除相关费用和税款,所得价款不足以支付同一顺序的相关费用的,按照比例支付。

③按照规定扣除相关费用和税款后,尚有余款的,自货物依法变卖之日起1年内,经进口货物收货人申请,符合要求的予以发还,同时补办进口申报手续。

6.6.12 退运货物的报关程序

退运进出口货物是指货物因质量不良或交货时间延误等原因,被国内外买方拒收退运或因错发、错运造成的溢装、漏卸而退运的货物。

1)一般退运货物的报关程序

一般退运货物是指已经办理进出口申报手续海关已放行的退运货物(不包括加工贸易退运货物)。报关程序如图6.27所示。

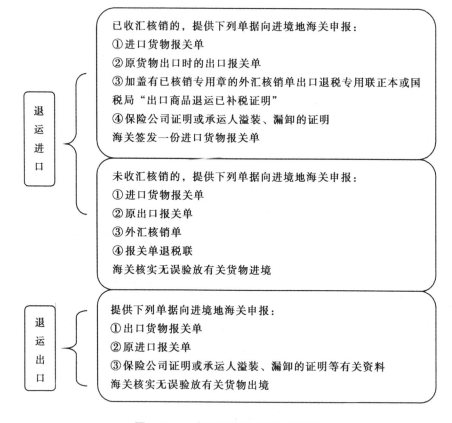

图 6.27 一般退运货物的报关程序图

2）直接退运货物的报关程序

直接退运货物是指进口货物进境后向海关申报,但由于特殊原因无法继续办理进口手续,经主管海关批准将货物全部退运至境外的货物。其包括:

①海关按国家规定责令直接退运的货物。

②货物进境后正式向海关申报进口前,由于下列原因之一,可以由收发人向海关申请办理直接退运批准手续:

A.合同执行期间国家贸易管制政策调整,收货人无法补办有关审批手续,并能提供有关证明的。

B.收货人因故不能支付进口税费,或收货人未按时支付货款,致使货物所有权已发生转移,并能提供发货人同意退运的书面证明的。

C. 属错发、误卸货物,并能提供发货人或运输部门书面证明的。

D. 发生贸易纠纷,未能办理报关进口手续,并能提供法院判决书、贸易仲裁部门仲裁决定书或无争议的有效货权凭证的。

经海关审核上述情况真实无讹且无走私违规嫌疑后,可予批准直接退运。

③已正式向海关申报进口但海关尚未放行的货物,收货人请求退运的,可比照上述规定撤销原申报,办理直接退运手续。

④需提交各类许可证件进口的货物,属无证到货的,除海关按国家规定责令直接退运的货物外,不得办理直接退运。

直接退运货物的报关程序如下:

①货物所有人或其代理人填写直接退运货物审批表,向进境地海关提出正式书面申请。

②直接退运一般先申报出口,再申报进口。

③出口报关单,在相关栏目内填报进口报关单编号;进口报关单,在相关栏目内填报出口报关单编号,并应分别注明海关审批件编号;属承运人的责任造成的错发、误卸,获批准退运的,可免填报关单。

收货人申请直接退运的海关核准属于海关行政许可,应当按照海关行政许可的程序办理。

6.6.13 退关货物的报关程序

退关货物又称出口退关货物,它是指出口货物在向海关申报出口后被海关放行,因故未能装上运输工具,发货单位请求将货物退运出海关监管区域不再出口的行为。其报关程序如下:

①出口货物的发货人及其代理人应当在得知出口货物未装上运输工具,并决定不再出口之日起3天内,向海关申请退关。

②经海关核准且撤销出口申报后才能将货物运出海关监管场所。

③已缴纳出口税的退关货物,可以在缴纳税款之日起1年内,提出书面申请,向海关申请退税。

④出口货物的发货人及其代理人办理出口货物退关手续后,海关对所有单证予以注销,并删除有关报关电子数据。

自 测 题

一、名词解释

1. 一般进出口货物

2. 保税货物

3. 出口加工区

4. 转关运输

5. 保税区

6. 保税物流园区

7. 保税物流中心 A 型

8. 保税物流中心 B 型

9. 出口监管仓库

10. 保税加工货物深加工结转

11. 台账制度

12. 特定减免税货物

13. 暂准进出境货物

14. ATA 单证册

15. 无代价抵偿货物

16. 出料加工货物

17. 退运进出口货物

18. 退关货物

二、简答题

1. 一般进出口货物的特点。

2. 保税货物的特点与分类。

3. 转关运输的方式。

4. 物理与非物理围网监管的区别。

5. 特定减免税货物的特征。

6. 暂准进出境货物特征。

7. 进出境快件的种类。

三、问答题

1. 一般进出口货物的报关流程。

2. 纸质手册管理下的保税加工货物的报关流程。

3. 电子账册管理下的保税加工货物的报关流程。

4. 出口加工区货物的报关流程。

5. 保税仓库货物的报关流程。

6. 出口监管仓库货物的报关流程。

7. 保税物流中心 A 型货物的报关流程。

8. 保税物流中心 B 型货物报关流程。

9. 保税物流园区货物的报关流程。

10. 保税区货物的报关流程。

11. 转关运输货物的报关流程。

12. 特定减免税货物的报关流程。

13. 适用 ATA 单证册的暂准进出境货物的报关流程。

14. 不使用 ATA 单证册报关的展览品的报关流程。

15. 暂时进出口货物报关流程。

16. 出料加工货物的报关程序。

四、案例分析题

1. 深圳木瑞公司因生产需要从美国购买一批童鞋 PU 面,规格为 8.6-4#,单价 USD2.2,数量为 203 件,合同协议号为 2004(068)。木瑞公司的主管海关是东莞太平海关,货物于 2004 年 10 月 2 日在深圳文锦渡海关进境。

试分析:作为深圳木瑞公司的报关员,应当办理哪些报关手续?

2. 专营进料加工集成块出口的外商投资企业 A 公司,是适用海关 B 类管理的企业。该企业于 3 月份对外签订了主料硅片等原材料的进口合同,按企业合同(章程)部分加工成品内销,另一部分加工成品外销,原料交货期为 4 月底。5 月初又对外签订了生产集成块所必需的价值 20 000 美元的三氯氧磷进口合同。6 月初与境外某商人订立了集成块出口合同,交货期 10 月底。9 月底,产品全部出运,仅有些边角余料残次品没有处理。

试分析:作为 A 公司的报关员,完成这个进料加工业务,需要做些什么工作? 应如何完成报关业务?

参考文献

[1] 中华人民共和国海关总署海关法修改小组.中华人民共和国海关法释义[M].北京:中华人民共和国海关总署教材编审委员会,2000.

[2] 海关总署报关员资格考试教材编写委员会.报关员资格全国统一考试教材[M].北京:中国海关出版社,2006.

[3] 邵铁民,徐兆宏,周和敏,陈大钢,王树清.报关实务手册[M].上海:上海财经大学出版社,2005.

[4] 许可,夏斯顺.海关通关实务[M].北京:对外经济贸易大学出版社,2005.

[5] 海关总署报关员资格考试教材编写委员会.报关员资格全国统一考试辅导教材[M].北京:中国海关出版社,2005.

[6] 张卿.进出口贸易实务[M].北京:对外经济贸易大学出版社,2004.

[7] 王耀中,张亚斌.国际贸易理论与实务[M].长沙:中南大学出版社,2004.

[8] 刘文广,项义军,张晓明.国际贸易实务[M].北京:高等教育出版社,2004.

[9] 郑俊田.中国海关通关实务[M].北京:中国对外经济贸易出版,2002.

[10] 温耀庆.中国通关实务[M].上海:上海交通大学出版社,1998.

[11] 宫焕久,许源.进出口业务教程[M].上海:上海人民出版社,2004.

[12] 章国胜,等.报关实务教程[M].北京:中国对外贸易出版社,2000.

[13] 谭晓阳.外贸运输与报关[M].北京:中国民航出版社,1995.

[14] 廖力平.进出口业务与报关[M].广州:中山大学出版社,1999.

[15] 陶明,等.现代海关实务[M].上海:复旦大学出版社,1999.

[16] 刘广平,等.海关征税[M].广州:中山大学出版社,2000.